ACTE II, TAB. 1er, SCÈNE XII.

AUSTERLITZ,

ÉVÉNEMENS HISTORIQUES EN TROIS ÉPOQUES ET HUIT TABLEAUX,

Par MM. Prosper et Francis Cornu,

MUSIQUE DE M. FRANCASTEL; BALLET DE M. BARTHOLOMIN; MISE EN SCÈNE DE M. FERDINAND LALOUE;
DÉCORS DE MM. FILASTRE ET CAMBON;

Représentés pour la première fois, à Paris, sur le théâtre du Cirque-Olympique, le 29 janvier 1837.

ACTE PREMIER.

PREMIER TABLEAU.

Le théâtre représente un des faubourgs de Pavie. Une rue assez escarpée monte et conduit à la porte de la ville. A gauche, aux deuxième et troisième plans, une petite église dans laquelle les Français ont établi un poste.

PERSONNAGES.	ACTEURS.	PERSONNAGES.	ACTEURS.
BONAPARTE, général en chef...	M. GUEZZI.	LE PRÉSIDENT DE LA MUNICIPALITÉ..........	M. CAMILLE.
L'ÉVÊQUE D'INOLA........	M. D'HARCOURT.	UN MOINE............	M. HENRY.
LANNES, colonel........	M. GALTHIER.	UN HABITANT.........	M. PAUL.
HAQUIN, général.........	M. CRÉAR.	PRÊTRES ITALIENS, OFFICIERS ET SOLDATS FRANÇAIS,	
PLICK, grenadier........	M. PARENT.	MOINES, SOLDATS, PAYSANS ITALIENS.	
L'ENFUMÉ, enrôlé volontaire...	M. PIERRARD.		

La scène est à Pavie, en 1796.

SCÈNE PREMIÈRE.

PLICK, GRENADIERS, UN SERGENT,
commandant le poste, HABITANS.

(Au lever du rideau, Plick est assis devant le poste, entouré de ses camarades, et tient à la main un ordre du jour dont il fait lecture... Quelques habitans sont groupés çà et là sur la place... Ils forment comme une chaîne du poste à la porte de la ville, et semblent attendre un signal du côté de la ville.)

PLICK. Aussi vrai que je m'appelle Plick, grenadier de la trente-deuxième, je pleure en relisant ce bulletin-là.... (*S'adressant aux habitans.*) Écoutez donc aussi, vous au-tres, habitans de la ville de Pavie, écoutez ça, et vous verrez que vos vainqueurs ne sont affligés de la goutte en aucune partie de leur physique. (*Il lit.*) « Soldats! » c'est à nous qu'on disait ça... « vous avez » remporté, en quinze jours, six victoi- » res, » rien que ça, dites donc? l'ancien régime en aurait eu pour six mois, et il se serait joliment croisé les bras par là-dessus... canard d'ancien régime! « pris vingt » et un drapeaux... » si ça continue, nos citoyennes finiront par s'en faire des robes nationales... « cinquante-cinq pièces de ca- » non... » ça n'est pas perdu pour l'enne-

Reliure serrée

mi, il lui en reviendra quelque chose.....
« Vous avez fait quinze mille prison-
» niers... » Quel coup de filet ! voilà des
gaillards en congé provisoire... « tué plus
» de dix mille hommes... » Pour ceux-là,
c'est différent... congé définitif... « Dé-
» nués de tout, vous avez suppléé à tout,
» vous avez gagné des batailles sans ca-
» non... » flatteur de général !... et nos
canons de fusil donc ! ça nous faisait de
l'artillerie légère ! « passé des rivières sans
» pont... » c'est vrai qu'en traversant les
ruisseaux du pays on se mouillait agréa-
blement les oreilles... « fait des marches
» forcées sans souliers... » nous faisions
moins de bruit, voilà tout... « bivouaqué
» sans eau-de-vie... » on ne dira pas
qu'on nous montait la tête... « sans pain. »
J'ai vu le moment où nous allions manger la peau de nos tambours. « Les soldats
» de la liberté étaient seuls capables de
» souffrir ce que vous avez souffert... grâ-
» ces vous en soient rendues, soldats ! etc. »
Voilà un crâne général qui entortille joliment son monde ; c'est égal, il nous mènera loin, celui-là... et je crois qu'on se
souviendra long-temps de l'année 1796,
de l'armée d'Italie, et du général Bonaparte.

UN MOINE, *à part.* Le signal se fait bien
attendre.

UN HABITANT. Il faut être prudent
quand on veut réussir.

PLICK. Et je dis qu'on fait son chemin
au pas de course. Lannes, qui était notre
camarade, a été nommé colonel sur le
champ de bataille, et il est l'intime du général en chef, et il n'en est pas plus fier
pour ça... aussi, après Bonaparte, c'est
mon héros à moi, et... Ah ! je vois ce que
c'est, sergent, voilà mon tour de faction...
passe-moi un peu mon fusil, toi, là-bas...
c'est égal, je déclare que nous avons du
guignon d'être en garnison dans une ville
gaie comme une sacristie, et de monter
la garde devant des églises, et à la barbe
des Capucins, tandis que les autres déjeu-
nent avec une victoire tous les matins...
enfin, on ne peut pas manger de tous les
gâteaux... et peut-être que le nôtre est au
four à l'heure qu'il est.

(Ici, on entend du côté de la ville des sons de cloche qui font faire un mouvement à tous les habitans, qui semblent l'attendre.)

LE MOINE, *bas.* Enfin !

UN AUTRE. Tenons-nous prêts !

PLICK. Qu'est-ce que c'est que ça ?
l'heure de la messe est passée... est-ce
qu'on veut nous régaler de vêpres ?

LE MOINE, *bas.* Oui, de Vêpres siciliennes.

SCÈNE II.

LES MÊMES, UN OFFICIER MUNICIPAL.

L'OFFICIER, *au sergent.* Monsieur le
sous-officier, le feu vient de se déclarer au
grand hôpital.

LES FRANÇAIS. Le feu !

L'OFFICIER. Les secours les plus
prompts sont nécessaires, car la violence
de l'incendie est telle que les habitans
osent à peine travailler à en arrêter les
progrès... ce poste est peu important.....

LE SERGENT. Oui, monsieur le municipal, nous vous comprenons ; nous sommes
habitués au feu, nous autres ; il ne sera
pas plus chaud là qu'à Montenotte et à
Millésimo. Suivez-moi, vous autres ; Plick
est assez grand pour garder le poste à lui
tout seul... allons, marchez devant, municipal, et courez vite, car nous avons de
bonnes jambes.

(Ils sortent.)

SCÈNE III.

PLICK, LE MOINE, LES HABITANS.

PLICK, *se promenant.* Il est gentil, le
poste !

LE MOINE, *au fond.* Ils courent à la
mort, car nos frères ont juré d'extermi-ner
tous ces ennemis du trône et de l'église...
excepté celui-là (*montrant Plick*), ils sont
maintenant tous dans la ville.

PLICK. Me laisser là pour garder cette
bicoque, quand mon petit Joseph, mon
fils est peut-être là, au milieu de l'incendie... c'est que c'est un rude gaillard, tambour de naissance ; quand il a débuté dans
la partie, il aurait pu se cacher dans sa
caisse.

LE MOINE. Ecoutez !

(On entend une fusillade.)

PLICK. Oh ! oh ! est-ce que l'hôpital
était chargé à mitraille ?

LE MOINE, *tirant son poignard.* L'attaque
est commencée... mort aux Français !

PLICK, *armant son fusil.* Il y a du gra-
buge là-bas, dis donc, mal-chaussé ?.. pousse
au large, ou je te réponds du geste.

UN HABITANT, *qui a passé derrière lui, et
qui le frappe.* Tu n'en auras pas le temps.

(Plick tombe sur le coup. La fusillade est violente
dans la ville.)

LE MOINE. Donnons aux campagnes le
signal convenu... dix mille paysans armés
l'attendent... Que ce signal parte de ce

saint temple, nos ennemis l'avaient souillé; mais notre vengeance va purifier...
(Il agite la cloche, dont le bruit domine celui de la mousqueterie. Bientôt des bandes de paysans débouchent de tous côtés... Ils sont en armes et répètent le cri de *Mort aux Français!*.. Bientôt on voit sortir de la ville la municipalité tout entière.)

SCENE IV.

Les Mêmes, LE PRÉSIDENT *de la municipalité.*

LE PRÉSIDENT. Victoire!
TOUS. Victoire!
LE PRÉSIDENT. Les Français, surpris, attaqués de toutes parts, ont été rejetés dans la citadelle, où ils espèrent en vain se défendre et lutter contre nous... Habitans de Pavie, l'heure de la vengeance a sonné... les armées autrichiennes écrasent, en ce moment, les troupes françaises, et leur insolent général... Si Bonaparte et ses soldats échappent à Beaulieu et à ses intrépides guerriers, ils trouveront, pour leur couper la retraite, les braves de Pavie, de Binasco et de Milan.. de Milan qui, à l'heure où je vous parle, se lève tout entière contre nos ennemis... Italiens! rappelez-vous ce qu'ont dit et prouvé nos pères.. l'Italie est le tombeau des Français.
LE MOINE. Donnons l'assaut à la citadelle, massacrons, jusqu'au dernier, ces Français qui se croyaient invincibles.
LE PRÉSIDENT. Avant la fin du jour, ils seront à nous... dans quelques heures, nous aurons à tourner contre eux les canons que Milan doit nous envoyer.
LE MOINE. Qu'avons-nous besoin de canons? n'avons-nous pas la protection divine?.. A l'assaut!
TOUS. A l'assaut!
LE PRÉSIDENT. Arrêtez! oubliez-vous que la citadelle est forte, que trois cents Français s'y sont renfermés, et qu'ils ont fait le serment de s'y défendre jusqu'à la mort?.. nous perdrions inutilement nos plus braves soldats... attendons l'artillerie de Milan, et, jusque là, prions, mes amis, prions pour le succès de nos armes.
(Quelques habitans qui occupent la porte du fond s'écartent avec respect.)
UN HABITANT. Monseigneur l'évêque d'Imola!

SCENE V.

Les Mêmes, L'ÉVÊQUE, *suivi des domestiques portant sa litière.*
(A la vue de l'évêque, chacun s'incline.)
LE PRÉSIDENT. Monseigneur, c'est Dieu qui a permis qu'en l'absence de notre digne prélat, votre seigneurie s'arrêtât dans notre ville... pourquoi vous éloignez-vous au moment où la bonne cause triomphe? oh! restez, restez au milieu de nous, et appelez sur nos armes la bénédiction du Très-Haut.
L'ÉVÊQUE. Moi!
LE MOINE. Monseigneur, entrez dans ce saint temple que nos ennemis avaient profané; montez à l'autel... puis, bénis par vous, nous courrons à la victoire.
L'ÉVÊQUE. Dites au meurtre... Faites-moi place, je n'ai pas de prières pour des assassins.
LE MOINE. Quel langage!
L'ÉVÊQUE. Il ne devrait pas vous étonner, si, avec la robe, vous aviez aussi le cœur et les pensées d'un véritable religieux... vous le comprendriez si vous aviez sur les lèvres des paroles de clémence au lieu de cris de fureur..... Je ne vous connais pas, prêtre qui portez un poignard à la ceinture... notre mission n'est pas la même sur cette terre... vous y prêchez le carnage... moi, le pardon... Dieu, qui nous voit, nous jugera. Arrière, prêtre, je ne vous connais pas.
LE MOINE. Est-ce donc un crime de défendre son pays, sa liberté?
L'ÉVÊQUE. Non, quand le combat est franc et loyal, quand de part et d'autre chacun se fie en Dieu et en son bon droit; mais, quand le poignard remplace l'épée... quand la trahison tient lieu de courage... quand le champ de bataille est un guet-apens, honte aux vainqueurs dans cette exécrable lutte! honte et anathème sur eux... pitié et prière pour les vaincus... Si j'entrais dans ce temple dont vous avez ensanglanté les degrés, ce serait pour vous maudire... Laissez-moi donc partir... ne forcez pas mes yeux à voir de nouvelles perfidies, de nouveaux crimes!.. Et vous, moine, vous dont le fanatisme a fait un homme de sang, donnez-moi cette arme.... donnez-la-moi.... ou quittez ce costume qu'on ne doit voir sur un champ de bataille que lorsqu'il faut secourir et consoler.
LE MOINE. Monseigneur, quand les Français seront chassés d'Italie, j'irai dire au Saint-Père ce que j'ai fait, et je pourrai bien être nommé évêque d'Imola à votre place... Gardez vos prières; moi, je garde mes armes.
PLICK, *se soulevant.* Monseigneur, si personne ne veut de vos prières, moi, qui en ai grand besoin, je vous en demanderai une petite en passant.

LE MOINE. Un ennemi, vivant encore?

(On va s'élancer sur Plick et l'achever. L'évêque lui fait un rempart de son corps.)

L'ÉVÊQUE. Qu'allez-vous faire?
UN HABITANT. Le tuer! c'est un ennemi.
L'ÉVÊQUE. C'est un chrétien, mes frères!
LE MOINE. Confessez-le, monseigneur, et laissez-nous en finir avec lui.
L'ÉVÊQUE. Non, vous n'accomplirez pas ce meurtre inutile.
LE PRÉSIDENT. Monseigneur, si vous prenez cet homme sous votre protection, il n'a plus rien à craindre.
PLICK, *à part.* C'est bien là-dessus que j'avais compté... (*Haut.*) Monseigneur, je n'en ai pas pour long-temps à rester dans ce monde, et je voudrais régler mes affaires, afin de passer dans l'autre droit comme si je passais l'inspection.
L'ÉVÊQUE. Parlez, mon ami, je suis prêt à vous entendre.

(Sur un signe de l'évêque, tout le monde s'éloigne.)

LE PRÉSIDENT, *à un des municipaux.* Le renfort que nous attendons de Milan tarde bien.... allez à sa rencontre..... pressez sa marche!.. allez! (*Quelques hommes sortent. A d'autres.*) Venez recevoir les ordres de la municipalité.

(Pendant que les habitans entourent le président et l'écoutent, l'évêque et Plick sont seuls à l'avant-scène.)

L'ÉVÊQUE. Maintenant, mon ami, rassemblez vos forces et...
PLICK. Oh! j'en ai encore plus qu'il n'y paraît... quand le lion n'est pas le plus fort, il fait le renard; je suis touché; mais quelques jours à l'hôpital... et il n'y paraîtra plus... Pourtant, monseigneur, j'ai une chose importante à vous dire, et si importante que je vous prie de l'écrire sur vos tablettes; ce qu'il me serait impossible de faire moi-même, par une foule de raisons.
L'ÉVÊQUE. Mais une confession ne s'écrit pas, mon ami.
PLICK. Oh! c'est que ma confession ne ressemble pas à une confession de bonne femme... écrivez, monseigneur... Je vous ai entendu parler à ces gredins-là, tout-à-l'heure, quand je faisais le mort, et je sais à qui je me confie.
L'ÉVÊQUE, *qui a pris ses tablettes.* J'écris.
PLICK. « Mon cher Lannes.... » c'est à dire, non... la discipline avant tout... « Mon colonel, je te préviens que nous » avons été trahis... la garnison surprise » s'est retirée dans la citadelle; elle n'y » pourra pas tenir deux heures. »

L'ÉVÊQUE. Qu'entends-je! mais c'est un avis que vous voulez faire tenir aux vôtres...
PLICK. Sans doute, et, comme il s'agit de sauver la vie de trois cents braves gens, et de mon fils entre autres, de mon fils, pauvre garçon de quinze ans, qu'ils assassineraient, voyez-vous, je me suis adressé à vous, monseigneur, qui, dans cette affaire, n'êtes ni Italien ni Français, mais qui êtes un honnête homme et un bon prêtre.
L'ÉVÊQUE. Achevez.
PLICK. « Si tu ne tombes pas ici comme » la foudre, la 32ᵉ sera veuve de trois » cents maris... arrange-toi là-dessus. Si » notre général en chef n'est pas trop » loin, annonce-lui la chose... Adieu, mon » colonel, que Dieu et Bonaparte nous » sauvent!
» PLICK. »
L'ÉVÊQUE. Et qui portera cet avis?
PLICK. Moi!
L'ÉVÊQUE. Toi?.. mais ta blessure...
PLICK. J'ai les jambes au complet et assez de sang dans les veines pour faire encore une étape; peut-être en route rencontrerai-je quelques cavaliers qui me mettront en croupe, ou qui se chargeront de ma lettre... Le difficile, c'est de me tirer d'ici; j'ai encore compté sur vous, monseigneur. Ces gens-là me croient bien malade, et ne tiennent pas à conserver mes reliques... demandez-leur...
L'ÉVÊQUE. Oui, je comprends... si je puis vous sauver, comptez sur moi; je ne vous demande en retour du service que je vais vous rendre, à vous et aux vôtres, que la promesse d'être clément... Ces gens-là sont bien coupables, sans doute; mais, quand ils seront vaincus, ils ne seront plus que malheureux.
PLICK. Je vous réponds, monseigneur, que mon premier coup de fusil ne tuera personne, je tirerai en l'air, à votre intention; et, si Plick peut quelque chose de plus, à votre tour, monseigneur, comptez sur lui.
L'ÉVÊQUE. C'est bien. (*Haut.*) Cet homme a besoin de secours; j'espère le sauver; puis-je le faire porter dans ma litière?
LE PRÉSIDENT. Nous nous dessaisirions difficilement d'un prisonnier qui pourrait devenir un otage; mais, quant à ce moribond... nous vous l'abandonnons, monseigneur.
PLICK. Gare à toi, municipal, ce moribond va drôlement jouer des jambes tout-à-l'heure.

L'ÉVÊQUE, *à ses domestiques*. Portez cet homme dans ma litière?

PLICK, *bas*. Je n'y resterai que le temps d'être hors de vue de ces brigands-là. (*Se penchant vers l'évêque.*) Monseigneur, avec Lannes et Bonaparte, vous allez être à présent ma seconde trinité.

L'ÉVÊQUE. Partons!

SCENE VI.
Les Mêmes, *hors* L'ÉVÊQUE *et* PLICK.

LE MOINE. Mes frères, que les scrupules de l'évêque d'Imola ne refroidissent pas votre ardeur; je prierai, moi, je prierai le Dieu fort, le Dieu des armées, et son ange exterminateur marchera devant nous.

SCENE VII.
Les Mêmes, UN HABITANT.

LE PRÉSIDENT. Eh bien! apercevez-vous sur la route les secours que nous attendons?

L'HABITANT. Non... mais sur le chemin nous avons vu venir à nous un officier supérieur français, accompagné d'un cavalier seulement; il se dirige sur Pavie, et paraît sans défiance.

TOUS. Qu'il meure!

LE MOINE. Attendez... si cet homme est général, un ordre signé de lui doit faire ouvrir les portes de la citadelle... C'est un capitaine qui commande ce détachement qui nous résiste encore, et ce capitaine doit obéissance à son supérieur... Il faut arracher l'ordre à ce Français que le ciel nous envoie.

UN HABITANT. Le voilà!

LE PRÉSIDENT. J'approuve ce moyen.

SCENE VIII.
Les Mêmes, LE GÉNÉRAL HAQUIN, *à cheval, suivi d'un* HUSSARD.

LE GÉNÉRAL. Que de monde sur cette place! je croyais qu'on avait établi un poste dans ce faubourg?

LE MOINE. Monsieur l'officier, le chef de la municipalité de Pavie désire vous demander quelques renseignemens; si vous vouliez descendre de cheval...

LE GÉNÉRAL. Impossible... j'ai des dépêches à porter au quartier-général; laissez-moi continuer ma route.

LE MOINE. Pardon; mais il faut...

LE HUSSARD. Mon général, si vous voulez arriver avant la nuit?..

LE MOINE. Général!... vous êtes général?..

LE GÉNÉRAL. Sans doute.

LE MOINE. Alors vous n'irez pas plus loin.

(*On se jette sur le général et son hussard... On les enlève de dessus leurs chevaux et on les renverse.*)

LE GÉNÉRAL. Misérables! A moi, Français, à moi!

LE MOINE. Appelle, appelle tes camarades... ils ne t'entendront pas... Pavie a changé de maître... Pavie a levé l'étendard de la révolte... Pavie sera le tombeau des soldats de Bonaparte.

LE GÉNÉRAL. Trahison! trahison!!

LE PRÉSIDENT. Général, vous pouvez échapper à la mort... écrivez au capitaine qui défend la forteresse de livrer ce poste, qui, tôt ou tard, tomberait en notre pouvoir; écrivez cela, et vous vivrez...

LE GÉNÉRAL. Moi, commander une lâcheté à de braves soldats? oh! jamais! ils ne m'obéiraient pas d'ailleurs.

LE MOINE. Ecris ou meurs!

LE GÉNÉRAL. Tue-moi donc... car, entre la mort et le déshonneur, un Français n'hésite pas.

LE MOINE. Eh bien!..

(*Il lève son poignard. Dans ce moment un coup de canon se fait entendre.*)

LE PRÉSIDENT. Ah! c'est le canon de Milan!

UN HABITANT, *accourant*. Non... c'est le canon de Bonaparte.

TOUS. De Bonaparte!!

L'HABITANT. Oui... il a appris la révolte de Pavie et de Binasco, et, comme la foudre, il est revenu sur ses pas... Binasco a voulu se défendre... et Binasco n'existe plus!.. Voyez, voyez à l'horizon les flammes de l'incendie.

LE MOINE. Lannes et ses grenadiers arrivent sur nous! Aux armes!

TOUS. Aux armes!

LE MOINE. Nous avons pour nous Dieu, la bonne cause et le nombre... la victoire est certaine... retranchons-nous dans nos maisons... défendons-nous seulement quelques heures, et les renforts de Milan décideront la défaite de nos ennemis pris entre deux feux.

LE PRÉSIDENT. Je vais faire garnir les remparts... emmenez ces deux hommes... Ces otages nous répondront de la vie de ceux des nôtres qui tomberaient au pouvoir des Français. (*Un coup de canon plus*

rapproché.) Voilà nos ennemis!.. aux armes!... aux armes!...
(Les officiers municipaux rentrent dans la ville, entrainant avec eux le général Haquin qu'ils ont baillonné, ainsi que son hussard. Le moine fait occuper et créneler toutes les maisons, et ne cesse d'agiter la cloche de l'église. A ce bruit, des paysans armés arrivent encore. Le moine leur indique des postes... Les murailles se garnissent aussi de défenseurs... Enfin des paysans arrivent en désordre, poussés par la cavalerie française, ayant Lannes à sa tête, et sabrant les fuyards.)

SCÈNE IX.
LES MÊMES, LANNES.

(Lannes et ses cavaliers descendent dans le cirque. Des maisons, le moine et les siens font feu sur eux. Les cavaliers quittent leurs chevaux, et avec leurs carabines assiègent chaque maison, qu'ils reprennent les unes après les autres. Le faubourg est emporté quand Bonaparte suivi de son état-major paraît.)

SCÈNE X.
LES MÊMES, BONAPARTE.

LANNES. Général, le faubourg est à nous; mais la ville est forte, et dix mille hommes la défendent.

BONAPARTE. Eh bien! douze cents Français vont la prendre... Lannes, fais avancer mes grenadiers?
(Un bataillon de grenadiers vient garnir le cirque.)

BONAPARTE, *à un aide-de-camp*. Colonel, allez dire à ces gens-là que j'ai brûlé Binasco, et que, s'ils ne m'ouvrent pas leurs portes... que, s'ils ne me livrent pas les chefs de cette exécrable révolte, je raserai Pavie... allez!
(Le colonel déployant son mouchoir l'agite et est introduit dans la place.)

LANNES. Général, la ville a trente mille habitans, je sais que dix mille paysans s'y sont renfermés... nous passerons difficilement sur le corps d'ennemis aussi nombreux.

BONAPARTE. Avec du canon on passe partout.
(La porte de la ville se rouvre et le parlementaire revient.)

LE COLONEL. Général, ils refusent de se rendre.

BONAPARTE. C'est bien, colonel, nous avons là des parlementaires qui seront plus éloquens que vous... Faites avancer vos pièces?
(Le commandement de Bonaparte s'exécute... Les pièces amenées tirent sur les portes de la ville... les sapeurs achèvent de les abattre... Après une vive fusillade, Lannes fait une charge au galop, et va entrer dans la ville, quand le drapeau blanc flotte sur les murailles... La municipalité de Pavie descend de la ville et s'agenouille devant Bonaparte.)

BONAPARTE. Point de grâce, point de pitié pour les traîtres! je brûlerai votre ville... Grenadiers, emparez-vous de ces magistrats indignes qui ont encouragé la révolte, de ces moines qui ont prêché le carnage, ils seront fusillés.

TOUS. Grâce! grâce!
(Le général Haquin est amené par les habitans.)

BONAPARTE. Vous ici, général?

LE GÉNÉRAL. Prisonnier des habitans de Pavie, je vous demande aussi grâce pour eux, car ils auraient pu me tuer, et ils ne l'ont pas fait.

BONAPARTE. Et la garnison que j'avais laissée dans cette ville?

LE GÉNÉRAL. Est retranchée dans la citadelle.

BONAPARTE. Eh bien! Général, courez à la forteresse, et sachez les pertes qu'ont faites nos soldats?
(Le général sort.)

LE PRÉSIDENT. Que voulez-vous faire, général?

BONAPARTE. Si un seul des nôtres est tombé victime de votre infâme trahison, n'espérez pas de merci... j'élèverai des ruines de votre ville une colonne sur laquelle je ferai graver ces mots : *Ici était la ville de Pavie.*

SCÈNE XI.
LES MÊMES, LE GÉNÉRAL HAQUIN, LES OFFICIERS ET SOUS-OFFICIERS DE LA GARNISON.

(Les officiers et sous-officiers accourent en désordre et se précipitent dans les bras de leurs camarades, puis jettent leurs chapeaux en l'air, en criant: Vive notre général! vive la république!)

BONAPARTE, *au général Haquin*. Eh bien! général?

LE GÉNÉRAL HAQUIN. Il ne manque qu'un seul homme de la garnison, c'est le grenadier Plick.

BONAPARTE. Plick! n'est-ce pas celui qui nous a fait parvenir l'avis qui a pressé notre marche?

LANNES. C'est lui-même; sans doute, ce brave aura été victime de son dévouement... général, Plick était mon ami..... c'était le meilleur soldat de la 32ᵐᵉ.

LE SERGENT. Général, Plick était de la compagnie, nous vous demandons vengeance!

LES FRANÇAIS. Vengeance!

BONAPARTE. Vous l'aurez; grenadiers, à vous, ces hommes! (*En montrant les municipaux.*) Chasseurs, prenez des torches, des flambeaux; artilleurs, des paquets de poudre ! Pavie ne doit plus être dans une heure qu'un monceau de décombres ! Italiens, vous saurez après cela ce que vaut la vie d'un Français..... Allez !

(Au moment où l'on va exécuter cet ordre, Plick paraît au fond, à demi couché sur le bidet de la vivandière.)

SCÈNE XII.

Les Mêmes, PLICK.

TOUS. Plick !

PLICK. Moi-même. Merci, mon général, de ce que vous vouliez faire pour moi ; vous m'alliez donner un enterrement de première classe, à ce qu'il paraît ; si les coquins ne m'ont pas tué, ce n'est pas leur faute ; mais enfin j'en suis quitte pour peu de chose, et je vous supplie, mon général, de ne me mettre pour rien dans le compte que vous avez à régler avec ces paroissiens-là.

BONAPARTE. Avant de punir, je dois récompenser ; ces braves gens te doivent leur salut... que veux-tu ?

PLICK. Rien pour moi, mon général ; mais j'ai un grand garçon de fils, brave et ignorant comme son père, et qui ne sera jamais que du bois dont on taille les caporaux, si vous ne le faites pas raboter un peu dans une école quelconque.

BONAPARTE. Quel âge a ton fils ?

PLICK. Quinze ans.

BONAPARTE. Son nom ?

PLICK. Paul-Joseph Plick.

BONAPARTE. C'est bien.

PLICK. Merci, mon général ! ah ! vivandière, je te remercie de m'avoir retiré du fossé, d'où je ne croyais plus sortir ; grâce à toi, je verrai peut-être mon fils colonel.

UN OFFICIER. Mon général, tout le clergé de Pavie vient à votre rencontre pour obtenir grâce pour cette cité.

BONAPARTE. Je pardonne...mais, vous, que j'avais chargés d'une mission d'ordre et de paix, vous, magistrats indignes, vous répondrez de votre conduite ; vous êtes tous mes prisonniers... Messieurs, entrons dans Pavie.

(Au moment où il va franchir la porte, le clergé vient à sa rencontre, les cloches sonnent.)

DEUXIÈME TABLEAU.

VÉRONE.
Une salle du palais qu'habite Bonaparte.

PERSONNAGES.	ACTEURS.	PERSONNAGES.	ACTEURS.
BONAPARTE	M. GOBERT.	LE MOINE	M. HENRI.
LANNES	M. GAUTHIER.	PLIK	M. PARENT.
RAMPON	M.	LE CAPITAINE GÉRARD	M. LÉHMANCE.
LASALLE	M. FERDINAND.	OFFICIERS DE L'ÉTAT-MAJOR.	

SCÈNE PREMIÈRE.

LANNES, LASALLE, RAMPON, Officiers.

LANNES. Bonaparte n'est pas encore sorti de son cabinet ; de fâcheuses nouvelles sont arrivées de Vérone... Vaubois vient d'essuyer un revers... il a bravement attaqué les Autrichiens ; mais le nombre l'a emporté... une terreur panique s'est emparée d'une partie de sa division, et il n'a pu se rallier qu'au défilé de Calliano.

LASALLE. Dieu veuille qu'il ne soit pas coupé dans sa marche et qu'il arrive avant les Autrichiens aux importantes positions de la Corona et de Rivoli, qui couvrent la route du Tyrol ; je plains sincèrement ce pauvre capitaine Gérard qui, dans ce moment, annonce cet échec à notre général.

RAMPON. On vient.

LANNES. C'est lui... c'est Bonaparte.

SCÈNE II.

Les Mêmes, BONAPARTE suivi d'un Officier.

BONAPARTE à part. Un revers ! oh ! mes ennemis le paieront cher ! (Haut.) Messieurs, Vaubois a été vaincu... ses troupes ont lâché pied devant Alvinzi. La 39e et la 85e se sont laissé saisir d'une terreur panique et ont entraîné le reste de la division... Lannes, tu mettras à l'ordre du jour de l'armée, tu feras écrire sur les drapeaux, que la 39e et la 85e ne font plus partie de l'armée d'Italie.

L'OFFICIER. Ah ! général...

LANNES. Je ne ferai pas cela.

BONAPARTE. Tu le feras.

LANNES. Non, général, vous ne déshonorerez pas tant de braves d'un trait de votre plume ; je vous rappellerai ce que vous a dit déjà l'intrépide capitaine Gérard, qui pleure là de honte et de rage, je vous répéterai que la division Vaubois s'est battue contre des ennemis trois fois plus nombreux... Général, vous ferez dire à la 39⁰ et à la 85⁰ qu'elles formeront l'avant-garde de l'armée, et vous les entendrez crier en passant sur le corps des divisions autrichiennes : « Nous sommes encore de l'armée d'Italie !... » Bonaparte, tu leur diras cela, n'est-ce pas?

(Les autres officiers se joignent à Lannes.)

BONAPARTE, à part. Oui, car ce ne sont plus des soldats qu'il me faut, ce sont des lions... (A l'officier qui est sorti avec lui de son cabinet.) Je permets à la 39⁰ et à la 85⁰ de se faire tuer à l'avant-garde.

L'OFFICIER. Merci, mon général.

(Il salue et sort.)

BONAPARTE. Messieurs, pour être critique, notre position n'est pas désespérée; tenons-nous prêts, nous partirons cette nuit.

RAMPON. Je vous disais bien qu'il faudrait songer à la retraite.

BONAPARTE à Lannes. Reste, toi !...

SCÈNE III.
BONAPARTE, LANNES.

LANNES. La retraite, tu l'entends, Bonaparte, comme toi, sans doute, ils la jugent indispensable.

BONAPARTE, avec dépit. La retraite ! oh! non pas.

LANNES. Que veux-tu faire? La situation n'est pas désespérée, dis-tu? Notre gauche, réduite à huit mille hommes, peut, à chaque instant, être culbutée de la Corona à Rivoli, et alors tu te trouveras enveloppé à Vérone... Les deux divisions Masséna et Augereau comptent à peine quinze mille baïonnettes; que peux-tu, avec cela, contre quarante mille hommes? L'artillerie, qui nous avait toujours servi à contrebalancer la supériorité de l'ennemi, ne peut plus se mouvoir dans des chemins que la pluie rend impraticables... Encore, si on nous donnait des secours proportionnés à nos périls!... mais on nous abandonne au fond de l'Italie.... on nous laisse seuls aux prises avec deux armées. Après avoir versé notre sang dans des milliers de combats, nous serons ramenés sur les Alpes... Nous reviendrons sans honneur et sans gloire; et on dira : « Voilà les fugitifs d'Italie !! »

BONAPARTE vivement. Ecris : « Citoyens » directeurs, ma position n'est plus tena- » ble, les renforts demandés et promis » depuis si long-temps arriveront trop » tard.... L'armée d'Italie, réduite à une » poignée de monde, est épuisée.... Les » héros de Lodi, de Castiglione et de Bassano sont morts pour leur patrie ou à » l'hôpital.... Joubert, Lannes, Victor, » Murat, Dupuis, Rampon, Ménard, sont » blessés..... nous sommes abandonnés » ici... ce qui me reste de braves voit sa » perte infaillible; peut-être, l'heure du » brave Augereau, de l'intrépide Masséna, » est près de sonner... Si j'avais reçu la » 83⁰, forte de 3,500 hommes connus à » l'armée, j'aurais répondu de tout... » peut-être, si vous tardez, encore ne » sera-ce pas assez de quarante mille » hommes...... Citoyens directeurs, vous » répondez à la France de son armée d'Italie... Ne la forcez pas à vous dire un » jour : Qu'avez-vous fait de mes légions » (Il signe.) Ferme cette lettre et qu'elle parte à l'instant !.... Aujourd'hui, repos aux troupes; demain, selon les mouvemens de l'ennemi, nous agirons... Va! Rentre chez toi, ta blessure a besoin de ménagemens.

LANNES. Qu'est-ce que ma blessure?... Qu'elle me tue!... et la France n'aura perdu qu'un soldat.

BONAPARTE. Lannes, en toi la France perdrait un héros et Bonaparte un ami.

LANNES. Oh! plus qu'un ami... un frère !... Triomphant ou vaincu, puissant ou proscrit, aux jours de gloire comme aux jours de malheur, Bonaparte, je serai là... toujours là !...

(Ils se serrent la main. Lannes sort.)

SCÈNE IV.
BONAPARTE seul.

(Après avoir suivi Lannes des yeux, il reste un moment en silence, puis court à une table et agite violemment la sonnette... Un domestique paraît.)

BONAPARTE. Mes cartes d'Italie !... (Le domestique sort.) Battre en retraite... perdre le fruit de tant de combats... de tant de sang versé... rentrer dans cette France qui déjà croyait en Bonaparte ?... oh! non, je ne fuirai pas... je ne sortirai d'Italie que vainqueur ou mort... (Il se penche sur ses cartes.) Si Alvinzi se réunit à Davidowich, ces deux armées nous écraseront... Sur quel champ de bataille attirer ces deux ennemis? Ah! Ronco!... oui, Ronco... oh! là, je les tiendrai.... je les tiendrai!... Oui, mon étoile, tu ne m'as pas abandonné!... Cette nuit, l'ordre sera donné à l'armée de prendre les armes dans le plus grand silence...Au lieu de nous porter en avant, nous rétrograderons... tout le monde croira à la retraite ; mais, à quelque distance de Vérone, je fais un à gauche, je reviens sur mes pas... Après quelques heures de marche, j'arrive à Ronco, où un pont de bateaux sera jeté ; je repasse le fleuve... Arrivé à Ronco, tout est gagné ; car, au milieu de ces marais, l'avantage du nombre est tout-à-fait annihilé.. à gauche, je puis tomber sur les Autrichiens... S'ils tendaient d'escalader Vérone.... à droite, en tombant sur les derrières d'Alvinzi, je puis lui enlever ses parcs d'artillerie et ses bagages.... Oui, quand ils me croiront fuyant devant eux, mes boulets leur apprendront que je suis à leur arrière-garde.... Nous sommes sauvés!... nous sommes sauvés!... (*Il sonne vivement*..) Lannes!.. le colonel Lannes!.. à l'instant!...

SCÈNE V.
BONAPARTE, LANNES.

BONAPARTE. Viens, je te disais bien que tout n'était pas perdu... nous les battrons, mon ami, nous les battrons, aussi vrai que tu es brave... mets-toi là et écris : « Ordre à Masséna de remonter sur Gum-
» bione et de prendre l'ennemi en queue,
» s'il marchait sur Vérone... à Augereau,
» de marcher à droite et de déboucher sur
» Villa-Nova... Ordre à Lasalle, Rampon,
» de faire prendre les armes et de faire
» filer sans bruit toutes nos troupes par la
» porte de Milan..... qu'ils annoncent aux
» soldats, aux habitans, que nous battons
» en retraite. » Comprends-tu mon projet?

LANNES. Oui... nous tournerons Alvinzi.
BONAPARTE. Il croit nous tenir... et c'est lui qui sera pris.
LANNES. Oh ! Bonaparte, je finirai par t'admirer plus encore que je ne t'aime.
BONAPARTE. Tais-toi et écris.

(*Bruit au dehors.*)

SCÈNE VI.
LES MÊMES, PLICK, UN AIDE-DE-CAMP.

BONAPARTE. Qu'est-ce?
PLICK, *à l'aide-de-camp*. Pardon, mon capitaine, laissez-moi raconter ça moi-même. Général, voilà la chose. Je suis du poste qui a l'honneur de vous garder... je fumais une pipe en grognant, car les choses vont assez mal pour ça, sans qu'il y ait de votre faute pourtant, nous vous rendons justice. Tout-à-coup je vois un sournois de moine qui passe devant le poste, je le regarde à deux fois... et je reconnais un gaillard de capucin, un des révoltés de Pavie!.... Ça me paraît louche... je lui mets la main dessus... je dis la chose au capitaine, qui me permet de le fouiller, et, en fait de relique, nous trouvons sur notre Tartufe deux pistolets..... je lui dis : Si c'est avec ces burettes-là que tu dis la messe, tu pourras bien l'aller chanter dans l'autre monde.

BONAPARTE. Merci, mon brave; retourne à ton poste..... Capitaine, faites venir cet homme? (*A un autre Officier.*) Vous, portez ces ordres... et que l'état-major vienne prendre ses instructions.

SCÈNE VII.
BONAPARTE, LANNES, LE MOINE, PLICK.

PLICK. Minute, ça n'est pas tout, il y a encore un petit papier que le sergent recommande à votre attention.
BONAPARTE, *prenant la lettre*. Une lettre du général Alvinzi au podesta de Vérone. (*Lisant.*) « L'homme que je vous envoie
» est sûr et dévoué ; il passera au milieu
» des rangs ennemis et bravera la mort s'il
» le faut pour servir notre cause ; vous
» pouvez tout lui confier ; quelque chose
» que vous entrepreniez, je suis en mesure
» de vous soutenir. »(*Haut, au Moine.*)Quel était ton projet?
LE MOINE. Te perdre, toi et ton armée.
BONAPARTE. Et comment?
LE MOINE. C'est mon secret!..
BONAPARTE. Je le devine... encore des vêpres siciliennes, fanatique et espion tout à la fois. (*Le regardant.*) Je me connais en homme, ce rôle ne te convenait pas... Sais-tu ce qui t'attend?..
LE MOINE. La mort!..
BONAPARTE. Oui, mais obscure, mais honteuse...
LE MOINE. Il y a toujours de l'honneur à mourir pour son pays.
BONAPARTE. Que ne te faisais-tu soldat?
LE MOINE. Cette robe... mes vœux!..
BONAPARTE. Ah ! tu es prêtre... tu devais prier alors, tes pensées devaient être des pensées de paix et de charité... ta mis-

sion sur cette terre est une mission de pardon et d'oubli... tu l'as méconnue, je vais te la rappeler, moi, ton ennemi, moi qui te tiens en ma puissance et que toutes les lois militaires autorisent à t'envoyer à la mort... je te donne la vie..

LE MOINE. Qu'entends-je!.

BONAPARTE. Tu es libre, retourne à ton couvent, repens-toi et pr.e!..

LE MOINE. Je ferai mieux; général, vous me reverrez!..

(Il sort.)

UN OFFICIER, *entrant.* Messieurs les officiers de l'état-major.

SCÈNE VIII.

LES MÊMES, LASALLE, RAMPON, OFFICIERS.

BONAPARTE. Messieurs, nous partons, cette nuit... dans une heure... nous allons sortir de Vérone comme des fugitifs... Dans trois jours nous y rentrerons en maîtres. Messieurs, le sort nous a mis dans une position telle, que nous pouvons dire sans forfanterie qu'il faut vaincre ou mourir. Une victoire complète à Ronco, et les renforts que j'ai demandés auront le temps d'arriver, et nous irons présenter la bataille sur le plateau de Rivoli... A cheval, messieurs!

TROISIÈME TABLEAU.

RIVOLI.

SCÈNE PREMIÈRE.

BONAPARTE, LANNES, OFFICIERS, SOLDATS.

BONAPARTE, *après avoir braqué sa lorgnette.* L'armée d'Alvinzi manœuvre dans la plaine, c'est ici qu'il faut l'attirer, car ici le nombre ne signifie plus rien. Général Victor, mettez-vous à la tête de votre division, que vos tambours appellent l'attention de l'ennemi. Allez!..

(Bonaparte, Lannes et ses officiers descendent en scène; l'armée défile devant lui et prend les positions qu'il indique... Bonaparte envoie un officier en reconnaissance pendant le mouvement des troupes. L'officier revient au galop.)

BONAPARTE. Eh bien! capitaine, qu'avez-vous vu?..

L'OFFICIER. Les Autrichiens se disposent à quitter la plaine, et une forte division semble vouloir se porter sur ce plateau...

BONAPARTE. Ah! je les tiens donc. Général Joubert, avec vos tirailleurs vous attirerez sur ce point les troupes qu'on vient de signaler; vous, général Reynier, prenez deux bataillons pour arrêter la cavalerie... Général Dupuis, gardes une demi-brigade pour fermer le col de Ronco... Vous, général Victor, après ce mouvement vous chargerez l'ennemi avec votre cavalerie. Lannes, suis-moi... Allons, messieurs, à vos postes... Soldats, cette bataille sera la dernière de la campagne.....

(Bonaparte monte à cheval. Toutes les dispositions qu'il a ordonnées sont prises; les tirailleurs attirent l'avant-garde de l'armée autrichienne. Le combat s'engage sur tous les points. Le général Victor, à la tête de sa cavalerie, repousse une division autrichienne, et, sur le champ de bataille, un moment dégarni, on établit une ambulance; des blessés sont amenés de tous côtés.)

SCÈNE II.

PLICK, L'ENFUMÉ, LE SERGENT.

LE SERGENT. Ça chauffe, ça chauffe! J'ai eu mon affaire tout de suite...

PLICK. Et moi, je n'ai pas de chance: un coup de poignard le mois dernier, une balle aujourd'hui, ça va bien. Merci, garçon, sans toi je serais resté sur le flanc.

L'ENFUMÉ. C'est moi qui vous remercie, au contraire, grenadier; vous m'avez fourni l'occasion de me tirer un peu de la bagarre. C'est la première fois que je me mêle de remporter des victoires, et ça m'a un peu ému.

LE SERGENT. Oui, t'aimes mieux remporter des blessés.

L'ENFUMÉ. Oh! sergent, vous me piquez, vous m'avez rendu comme un lion, j'y retourne; qu'est-ce qu'il vous faut, sergent, un drapeau, un général, un caisson, une batterie? vous n'avez qu'à parler.

LE SERGENT. Tâche de rapporter tes jambes.

L'ENFUMÉ. Où sont-ils les Autrichiens, où sont-ils? il m'en faut douze pour moi tout seul.

(Il court en chantant et sort. — Roulement.)

LE SERGENT. Ça va recommencer, major.

(Les Autrichiens, cernés de toutes parts, arrivent en désordre. Les blessés français se groupent et croisent la bayonnette. Les divisions françaises garnissent tous les points élevés. Le général autrichien remet son épée au général Victor.)

CRIS. Vive notre général! Victoire!...

(Bonaparte et son état-major, sur le plateau de Rivoli, dominent ce tableau.)

ACTE DEUXIÈME.
EGYPTE.
Plage devant Alexandrie ; à gauche du spectateur la colonne de Pompée.

PERSONNAGES.	ACTEURS.	PERSONNAGES.	ACTEURS.
BONAPARTE.	M. GOBERT.	ZULÉMA, sa sœur	Mme ALBERT.
LANNES	M. GAUTHIER.	LE SERGENT	M. SIGNOL.
KLÉBER	M. AUGUSTE Z.	UN ARABE.	M. ACHILLE.
ALI-BEY	M. LAUTHEMANN.	UNE VEDETTE.	M. PAIN.
EL-OUGHA	M. CHÉAL.	OFFICIERS, GÉNÉRAUX, SOLDATS FRANÇAIS, ARABES,	
PLICK	M. PARENT.	ISMANS, MUFUTIS, RADYS, ESCLAVES, ODALISQUES,	
L'ENFUMÉ	M. PIERRARD.	PEUPLE, ETC.	
LE SCHEICK EL-BECKRY.	M. PAUL.		

SCÈNE PREMIÈRE.
ALI-BEY, EL-OUGHA, Arabes, Bédouins.

(Il ne fait pas encore jour. Aly-Bey et ses soldats dorment couchés çà et là sur leur plage. Des vedettes placées aux extrémités du camp improvisé veillent à la sûreté de leurs compagnons.)

UNE VEDETTE *de droite.* Qui est là ?...
UNE VOIX, *dans la coulisse.* Enfant du désert.
EL-OUGHA, *entrant.* Ali-bey !
ALI-BEY. Qui m'appelle ?
EL-OUGHA. El-Ougha!...
ALI-BEY. El-Ougha! toi, que veux-tu ?
EL-OUGHA. Ils sont arrivés.
ALI-BEY. Qui ?
EY-OUGHA. Les Français !...
ALI-BEY, *se levant.* Les Français !...
EL-OUGHA. Chargé par toi de rester cette nuit en observation sur la plage, j'ai vu la flotte de ces maudits, que l'enfer nous envoie, et qui, confians dans ce qu'ils appellent l'étoile de leur général Bonaparte, se flattent d'asservir l'Egypte comme ils ont fait de l'Italie.
ALI-BEY. Les Français !... et le Dieu des croyans ne les a pas engloutis dans les abîmes de la mer ?...
EL-OUGHA. Un instant j'ai cru que la vengeance céleste allait éclater sur eux... le vent soufflait par violentes rafales... la mer se brisait avec furie sur les recifs du rivage; la tempête était devenue terrible ; mais elle n'a pu empêcher le débarquement de l'armée française; déjà trois divisions ont pris terre, et dans quelques heures tous nos ennemis auront foulé le sol de l'Egypte.
ALI-BEY. Ah! malheur, malheur sur eux!... pas un ne reverra l'Europe.
EL-OUGHA. Dieu le veuille !..
ALI-BEY. Douterais-tu de la victoire ?... mais elle est certaine; dix mille de nos frères ne campent-ils pas là, sur cette plage, à quelques centaines de pas de nous ? Et, si, contre toute attente, nos efforts réunis étaient impuissans pour anéantir les téméraires qui osent nous défier, crois-tu qu'ils ne trouveraient pas leur tombeau sous les remparts d'Alexandrie... d'Alexandrie, que nous voyons là-bas, avec ses murs hérissés de canons, avec sa garnison nombreuse et dévouée, ses magasins de vivres de toute espèce, et son arsenal, son arsenal surtout, qui renferme des munitions de guerre pour suffire au siège le plus long? Va, soit ici, sur cette plage, soit là-bas, dans les larges fossés qui entourent Alexandrie, tous les Français seront exterminés.
UNE VEDETTE. Les Français!
ALI-BEY, *d'une voix forte.* Au combat! enfans du désert! au combat!...
(Tous se lèvent vivement, sautent sur leurs chevaux, et se disposent au combat. En ce moment un Arabe, accourant au galop, du côté d'Alexandrie, remet une dépêche à Ali-Bey.)

SCÈNE II.
Les Mêmes, UN ARABE.

L'ARABE. De la part du gouverneur d'Alexandrie !..
(Ali lit des yeux la dépêche. On entend battre la charge dans l'éloignement.)
EL-OUGHA. Voilà nos ennemis !... au combat !..
TOUS. Au combat !...
ALI-BEY. Arrêtez!.. en tombant si tôt sous nos coups, ces impies ne souffriraient point assez... donnons-leur une heure d'une affreuse agonie.
EL-OUGHA. Que veux-tu dire ?
ALI-BEY. J'obéis à l'ordre de Mohamed El-Koraïm !... (*Il prend un bâton, le plante et fixe la dépêche sur l'extrémité.*) Et maintenant, ne combattons que pour protéger notre retraite.
EL-OUGHA. Notre retraite ?..
ALI-BEY. Fiez-vous à moi, et je vous engage ma tête en garantie d'un succès au-delà de tous vos vœux.
(Le bruit des tambours s'est rapproché. Bientôt Kléber paraît à la tête de sa division, qui marche au pas de charge, bayonnette en avant. Un faible engagement a lieu ; mais Ali et ses Arabes ne tardent pas à fuir et à laisser le champ de bataille libre aux Français.)

SCENE III.

KLÉBER, LE SERGENT, PLICK, L'ENFUMÉ, SOLDATS.

LE SERGENT. Courons!... courons sur eux!...

LES SOLDATS. Oui! oui!..

KLÉBER. Arrêtez! grenadiers! arrêtez!..

LE SERGENT. Laissez, général, laissez, nous allons embrocher tous ces oiseaux-là!...

KLÉBER, *d'une voix forte.* Grenadiers, halte!...

LE SERGENT. Alors, l'arme au pied, et immobile à nos places.

KLÉBER. C'est ici que nous devons attendre le reste de l'armée. (*Aux officiers.*) Messieurs, faites placer des sentinelles, et qu'on forme les faisceaux!

(*On place des sentinelles.*)

L'ENFUMÉ. Dites donc, sergent, c'est donc ici l'Egypte?... il nous a un peu mis dedans, le général en chef!... je vous trouve ça peu attrayant... C'était pas la peine de rester si long-temps entre le ciel et l'eau pour nous retrouver entre le soleil qui vous brûle les cheveux et le sable qui vous rôtit la plante des pieds... Mon maître d'école, qui m'avait dit que c'était superbe! que c'était le berceau du monde; merci, ça m'a plutôt l'air d'une grande poêle à frire.

PLICK. Et je nous fais l'effet d'être les goujons de la chose; voilà trois heures que nous marchons dans cette fournaise africaine sans avoir rencontré un cabaret, pas le moindre bouchon... Rien que de l'eau, de l'eau chaude, et si propre, qu'en France un caniche n'en voudrait pas.

L'ENFUMÉ. Qu'est-ce qu'il y a donc au bout de cette perche?... un papier!..

PLICK. Minute... c'est peut-être l'adresse de quelque restaurateur des environs.

LE SERGENT. Donne-moi ça, que je le passe au général. Mon général, mon général.

KLÉBER, *qui causait avec les officiers, s'avançant.* Qu'est-ce donc, mon brave?...

LE SERGENT. Tenez, mon général, nous venons de trouver ça!...

KLÉBER, *lisant.* « Le schériff Mohamed El-Koraïm, gouverneur d'Alexandrie à Ali-Bey. La flotte française est entrée dans l'anse du Marabout... Le débarquement s'opère en ce moment... Une des divisions qui a touché terre, a reçu l'ordre de marcher en avant et de faire halte à la colonne de Pompée. Ne t'oppose pa brave Ali-Bey, au passage de ces mécréans, laisse-leur croire qu'ils n'ont qu'à se montrer pour faire fuir leurs ennemis. Mais, quand ils seront bien confians dans leur facile victoire, toi, qui te seras réuni à tes frères du désert, tu les envelopperas de toutes parts. Séparés des leurs, dont ils ne pourront recevoir aucun secours, ils succomberont... Point de pitié pour ces infidèles... tu m'enverras leurs têtes!.. »

PLICK. C'est ça, les petits cadeaux entretiennent l'amitié... il a arrangé ça tou seul le marabout, et il faut pourtant notre consentement pour ça.. Dites donc, les autres... qu'est-ce qui veut donner sa tête?

KLÉBER. Soldats, si nous sommes tombés dans un piège, il faut vendre chèrement notre vie!... A vos armes!...

(*Tout le monde a repris ses armes.*)

PLICK. Nous allons avoir du mauvais temps, voilà un gros nuage là-bas, y va nous pleuvoir...

L'ENFUMÉ. Quoi donc?..

PLICK. Des Arabes!..

LES SENTINELLES, *qui se replient.* Les Arabes! les Arabes!...

KLÉBER Enfans!... il faut ici vaincre ou mourir!..

(*Les Arabes cernent les Français de toutes parts.*)

SCENE IV.

LES MÊMES, ALI-BEY, EL-OUGHA, ARABES.

(*Le combat s'engage, le nombre va l'emporter sur la valeur, quand on entend un bruit de tambour à droite.*)

KLÉBER. Courage, grenadiers!... voilà Bonaparte!...

(*La lutte devient terrible. On se bat corps à corps, quand Bonaparte arrive au galop, suivi de son état-major et du reste de l'armée. Alors Ali-bey et ses arabes mis en déroute sont obligés de fuir.*)

SCENE V.

BONAPARTE, KLÉBER, GÉNÉRAUX, PLICK, LE SERGENT, L'ENFUMÉ, SOLDATS, LANNES.

KLÉBER. Général! vous êtes arrivé à temps!

BONAPARTE. Avec votre division, général, vous auriez tenu en échec toute l'armée ennemie... Soldats, voici l'ordre du jour! « Le général Kléber et sa division ont bien mérité de la patrie. » (*Il met pied à terre, et l'état-major en fait autant.*) Eh bien! Lannes! nous y sommes enfin!...

LANNES. Oui, mais c'est au Caire, qu'il faut arriver!...

BONAPARTE. Qui pourrait nous arrêter dans notre route?.. Les Mamelucks?... ils seraient cent mille, qu'ils ne m'empêcheraient pas de passer... Va, va! quinze jours au plus, et le drapeau tricolore flottera sur les minarets du Caire. Messieurs, nous camperons sur cette plage, peut-être y passerons-nous la nuit.... Qu'on donne des ordres en conséquence.

(*Les officiers s'éloignent; et bientôt la plage représente l'aspect d'un camp.*)

SCENE VI.

BONAPARTE, seul.

Alexandrie est la clef de l'Egypte, et puis, cette conquête donnerait de la confiance aux soldats. Si je le voulais... mais il faudrait, pour cela, sacrifier trop de monde, et je dois être économe du sang de mes braves... Pourtant il y a danger à différer l'assaut... je donnerais le temps à mes ennemis de concentrer leurs forces. Si le projet que j'ai conçu réussit...... Alexandrie ne pourra livrer qu'un combat... soutenir qu'un assaut... Allons, il n'y a pas un moment à perdre; l'entreprise est difficile... hardie... mais n'est pas impossible... il ne faut que faire le sacrifice de sa vie, et il n'est pas un seul de mes soldats qui ne soit prêt à me donner la sienne... (*Haut, à ses soldats.*) Holà! mes braves!... un homme de bonne volonté!...

PLICK. Présent, mon général!..

LE SERGENT. Nous voilà, mon général!

SCENE VII.

BONAPARTE, PLICK, LE SERGENT, L'ENFUMÉ, SOLDATS.

BONAPARTE. C'est très-bien; mais je n'ai besoin que d'un seul homme!.

PLICK. Toujours présent, mon général!

LE SERGENT. Eh bien! il est bon là lui! et nous, est-ce que nous ne sommes pas présens à l'appel?

PLICK. J'ai répondu le premier!

LE SERGENT. Ce n'est pas une raison!

L'ENFUMÉ. Certainement! à la place du général, moi, je prendrais le plus jeune!

PLICK. Tenez, mon général, pas de préférence pour personne... Vous avez demandé un homme de bonne volonté, nous voilà tous... fermez les yeux... prenez au hasard.

LES SOLDATS. Oui, oui!..

BONAPARTE. Allons, je le veux bien.... approchez-vous, et formez le cercle autour de moi!..

UN MATELOT, *s'avançant.* Arrêtez, général!

SCENE VIII.

LES MÊMES, LE MATELOT.

BONAPARTE. Qui es-tu? et que veux-tu?

LE MATELOT. Est-ce que vous ne me reconnaissez pas, général?..

BONAPARTE. Non!..

LE MATELOT. Regardez-moi bien!

BONAPARTE. Je t'ai vu quelque part déjà.

LE MATELOT. A Vérone!...

BONAPARTE. Tu ne portais pas ce costume!...

LE MATELOT. Comment, général, vous, dont le regard sait reconnaître jusqu'au dernier de vos soldats, vous n'avez pas encore reconnu le moine de Vérone?... Avez-vous oublié que ce moine, amené devant vous, convaincu de son crime, obtint de vous son pardon et sa liberté?...

BONAPARTE. Ah! c'est toi?..

PLICK. Oui, mon général, c'est bien lui!...

BONAPARTE. Eh bien! que veux-tu?

LE MATELOT. Payer ma dette.

BONAPARTE. Comment cela?

LE MATELOT. Gracié par toi, te devant la vie, j'ai juré que désormais je te serais aussi dévoué que j'avais été acharné à ta perte... je t'ai suivi à Montebello, à Rastadt, à Paris, à Toulon, à Malte, et nulle part l'occasion ne s'est offerte de te donner un gage de ma reconnaissance et de mon inviolable attachement; mais aujourd'hui cette occasion se présente, et je la saisis. Tu demandes un homme de bonne volonté pour une mission périlleuse, eh bien! me voilà! accepte... n'hésite pas... donne-moi la préférence sur eux... Plus que moi, je le sais, ces braves la méritent; mais ils te sont trop précieux pour en sacrifier un seul. A moi donc ta mission.... à moi donc la mort, s'il le faut, pour m'acquitter de ce que je te dois.

BONAPARTE, *après l'avoir regardé.* J'accepte.

PLICK. Comment, général ?

BONAPARTE. Allez, allez, mes amis, je vous indemniserai bientôt.

PLICK. A la bonne heure !

L'ENFUMÉ. C'est égal, c'est toujours une occasion de manquée.

PLICK. Allons, petit rageur, viens te rafraîchir au soleil.

(*Ils s'éloignent.*)

SCÈNE IX.
BONAPARTE, LE MATELOT.

BONAPARTE. Approche, et écoute-moi.. tu es brave... tu ne crains pas la mort, c'est quelque chose; mais, dans l'affaire dont il s'agit, il faut peut-être plus d'adresse que de bravoure.

LE MATELOT. A Vérone... n'avais-je pas été choisi par Alvinzi ?

BONAPARTE. Je n'y pensais plus... ainsi donc tu te fais fort de t'introduire dans Alexandrie ?

LE MATELOT. Dans Alexandrie ?

BONAPARTE. La tâche est difficile.

LE MATELOT. N'importe, je l'accomplirai, et, une fois dans la ville, que me restera-t-il à faire ?

BONAPARTE. Te glisser dans l'arsenal et y mettre le feu.

LE MATELOT. Je le ferai.

BONAPARTE. Alors je te devrai Alexandrie, car l'arsenal contient des munitions de guerre pour soutenir un long siège ; et, privé de ce secours, l'ennemi ne tiendra pas deux heures contre l'attaque de mes soldats.

LE MATELOT. Bonaparte, tu peux donner les ordres pour l'assaut d'Alexandrie.

BONAPARTE. J'attendrai l'explosion de l'arsenal.

LE MATELOT. Avant le coucher du soleil, je serai mort ou je t'aurai donné le signal de la victoire.

(*Il sort précipitamment.*)

SCÈNE X.
BONAPARTE, *puis* KLÉBER, BON, RÉGNIER.

BONAPARTE. Il réussira, j'en ai le pressentiment.

KLÉBER, *accourant.* Général, nous venons d'être instruits qu'une foule innombrable d'Arabes accourt du désert pour se réunir aux soldats d'Ali-Bey et nous livrer bataille.

BONAPARTE. Ces renseignemens sont-ils exacts ?

KLÉBER. Je les garantis vrais et fidèles ; quelques heures encore, et nous nous trouverons pris entre deux feux.

BONAPARTE. Eh bien ! nous nous battrons, n'est-ce pas, général Bon ? n'est-ce pas, général Régnier ?.. nous nous battrons, et nous serons vainqueurs.

KLÉBER. Noble espoir, mais qui peut être déçu... nous serons dix contre cent. Général, il ne faut pas donner aux Arabes le temps de se réunir à Ali-Bey..... il faut marcher à l'instant sur Alexandrie, et enlever cette place au pas de charge.

BONAPARTE. Général Kléber, quand j'aurai besoin de vos conseils, je vous les demanderai, mais gardez-les pour ce moment-là.

KLÉBER. Quelle arrogance !

BONAPARTE, *à part.* Il m'a demandé deux heures pour accomplir sa mission... ô mon étoile, ne m'abandonne pas !

(*Il s'éloigne.*)

SCÈNE XI.
KLÉBER, BON, MENOU, LANNES, PLICK, LE SERGENT, L'ENFUMÉ, UN VIEILLARD, RÉGNIER, Soldats, *etc.*

UN VIEILLARD, *accourant.* Vengeance !... vengeance !

LANNES. Vengeance... et de qui ?

LE VIEILLARD. Du gouverneur d'Alexandrie, et de ses infâmes satellites. Ils pillent, ils égorgent tous les Européens.... femmes, vieillards, enfans ; ils ne font grâce à personne... j'ignore encore comment j'ai pu me soustraire, moi, pauvre et faible vieillard, au massacre de tous mes frères... Oh ! mais, par grâce, par pitié, vous pouvez peut-être arriver encore à temps pour arracher quelques victimes à leurs bourreaux... Courez, braves Français, courez, et, si vous ne pouvez nous défendre, au moins vengez-nous, vengez-nous.

LANNES. Bonaparte..... où est Bonaparte ?

KLÉBER. Bonaparte refusera de faire prendre les armes, et de marcher au secours de nos frères.

LANNES. Ne croyez pas cela.

KLÉBER. Il refusera, vous dis-je.

LANNES. C'est impossible.

KLÉBER. Demandez au général Bon, au général Régnier : tout-à-l'heure ils l'ont entendu comme moi! Ah! sa conduite est étrange... Là-bas on massacre des infortunés qu'il pouvait sauver, et, dans un instant peut-être, nous-mêmes, nous succomberons accablés par le nombre de nos ennemis ; mais la subordination militaire a ses bornes, et, quand il est patent qu'un général compromet toute une armée, il est du devoir de ceux qui sont sous ses ordres de méconnaître la voix du chef, et de se saisir du commandement.

LANNES. Que dites-vous là, Kléber ?
BON. Il a raison.
RÉGNIER. Oui, oui.
KLÉBER. A Alexandrie ! soldats, à Alexandrie !
TOUS. A Alexandrie !

SCENE XII.
LES MÊMES, BONAPARTE.

BONAPARTE, *paraissant*. Quel est ce bruit, et que voulez-vous ?
KLÉBER. Nous voulons nous servir des armes que la république nous a données ; nous voulons marcher sur Alexandrie, parce que l'humanité, le devoir, l'honneur, nous y appellent.
TOUS. Oui, oui... à Alexandrie.
BONAPARTE, *d'une voix forte*. Silence ! (*Chacun se tait.*) Vous voulez marcher et combattre sans mon ordre ? vous menacez de m'abandonner... malheureux, mais sans moi que serez-vous, où irez-vous ?.. Vous voulez donc que je vous renie pour mes soldats ?... Vous osez désobéir à votre général !... n'avez-vous plus confiance en celui qui vous commandait à Arcole, à Lodi, à Montenotte ? soldats, avez-vous pu jamais douter de Bonaparte ?
PLICK *et* LES SOLDATS. Non, non... vive le général Bonaparte !
BONAPARTE. Quant à ceux qui par leur silence coupable, ou leurs discours imprudens, ont autorisé cette misérable révolte, si je ne les en punis pas, c'est que je me trouve assez vengé par les acclamations unanimes de l'armée... mais je ne serais pas toujours aussi clément... Une autre fois, messieurs, je n'aurais égard ni au mérite ni au grade, et je ferais fusiller quiconque aurait l'audace de méconnaître mon autorité ; ne l'oubliez pas, vous surtout, général Kléber.
KLÉBER, *avec embarras*. Général !
BONAPARTE. Je ne veux rien entendre... mais, pour vous mettre à même de réparer votre faute, je vous permettrai de marcher à la tête de vos grenadiers quand il faudra combattre. (*à part.*) Le délai que j'avais accordé à cet homme est expiré...

A-t-il échoué ? n'a-t-il pu pénétrer dans la ville ? (*On entend une forte détonation.*) Ah ! il m'a tenu parole... Alexandrie est à moi !
L'ENFUMÉ, *bas*. Sergent, qu'est-ce que c'est que ça ? est-ce qu'ils ont miné leur Afrique pour nous faire sauter.
BONAPARTE. Soldats, vous vouliez marcher sur Alexandrie... eh bien ! le moment est venu, formez vos rangs, que vos tambours battent la charge.
PLICK. Bon !
BONAPARTE. Général Régnier, vous resterez sur cette plage avec votre division, pour tenir en échec les Arabes qui pourraient tenter de nous inquiéter.
PLICK. Merci ! moi, j'en suis, de la division Régnier.
(*Les tambours battent la charge, Bonaparte s'est mis à la tête de son armée, tous défilent en criant :* à *Alexandrie.*)

SCENE XIII.
RÉGNIER, PLICK, LE SERGENT, L'ENFUMÉ, SOLDATS.

PLICK. Faut avouer que nous avons du guignon... mourir de chaud et de soif, et ne pas déchirer une cartouche pour se rafraîchir !
LE SERGENT. Que veux-tu ? notre tour viendra peut-être ; on ne peut pas avoir tous les bonheurs ; nous avons eu celui de suivre le général Bonaparte... et, sois tranquille, il nous mènera loin.
PLICK. J'en suis pour ce que j'ai dit : il aurait pu mieux choisir que ce gredin de pays.
L'ENFUMÉ. Moi, qui avais promis à madame l'Enfumé, ma respectable mère, de lui envoyer un échantillon du pays.
PLICK. Eh bien ! tu pourras lui faire tenir un crocodile ou une pyramide. Pardieu ! j'y pense, je vas profiter de ce qu'on nous laisse là les bras croisés et les jambes en l'air pour écrire à mon petit Joseph... Ce pauvre garçon... je suis sûr qu'à l'heure qu'il est il s'échine à travailler dans son école militaire ; je vas lui donner une fameuse leçon de géographie... mais il y a une difficulté, c'est que le maître d'école a oublié de comprendre l'écriture dans mon éducation. Oh hé ! qu'est-ce qui sait écrire ici ?
L'ENFUMÉ. Moi ! et en bâtarde encore.
PLICK. Eh bien ! viens ici, petit... s'il y a un coup de sabre à recevoir pour toi quelque part, tu me le diras ; plante-toi là, et écris : « Mon cher fils, je t'écris de « l'Egypte, qui est un pays où je te re- « commande paternellement de ne jamais

» venir ; c'est une espèce de four très-dé-
» plaisant ; je n'en ai encore vu que la
» frontière, et je suis déjà noir comme ma
» giberne ; figure-toi qu'on a sur la tête
» un scélérat de soleil à faire cuire un
» bœuf en trois minutes, et sous les pieds un
» sable excellent pour rôtir les marrons de
» Lyon ; les naturels sont si sauvages que
» nous n'avons pu causer avec eux qu'à
» coups de fusil ; les animaux domesti-
» ques de l'endroit sont de charmans cro-
» codiles qui nous ont déjà avalé un sa-
» peur et trois tambours-maîtres... avec
» leurs cannes. Dans ma prochaine, je te
» donnerai de plus grands détails ; quant à
» toi, porte-toi bien, travaille de même et
» dépêche-toi d'avoir l'épaulette et l'épée.
» Je ne veux pas mourir sans t'avoir pré-
» senté les armes. Je t'embrasse, et suis
» ton père. PLICK, grenadier de la trente-
» deuxième. »

L'ENFUMÉ. Grenadier, voulez-vous me permettre d'écrire une petite poste-scriptum. « Je te prie... (c'est toujours vous
» qui parlez) d'aller embrasser la veuve
» l'Enfumé, poêlière fumiste, rue du Chat
» qui pêche, n. 3, bis, de la part de son
» fils Chrysostôme l'Enfumé, enrôlé vo-
» lontaire ; bien des choses aux amis, sans
» oublier la Bourguignote dont il a conser-
» vé le souvenir, la boucle de cheveux et
» la paire de bas de laine qu'elle lui a tri-
» cotée, en gage de son amour résigné.
» PLICK, grenadier de la trente-deuxiè-
» me. »

(On entend une vive fusillade.)

PLICK. Oh ! oh ! ça chauffe là-bas... Donne-moi ça.. (Il serre la lettre.) Et dire que je ne suis pas là !

(La fusillade continue.)

SCÈNE XIV.
LES MÊMES, UN CAVALIER, blessé.

PLICK. Eh bien ! camarade, comment ça va-t-il là-bas ?

LE CAVALIER. Je ne sais rien de positif... mon pauvre cheval... il a reçu son affaire tout de suite.

PLICK. Enfin sommes-nous bientôt dans Alexandrie ?

LE CAVALIER. Je crains que non, surtout si ce que j'ai entendu dire est vrai.

PLICK. Qu'est-ce qu'on dit donc ?

LE CAVALIER. Que le général en chef est blessé dangereusement.

PLICK. Bonaparte ?

LE CAVALIER. Après ça, c'est peut-être un faux bruit... mais tenez, voyez-vous ces grenadiers qui apportent un blessé ?

L'ENFUMÉ. C'est un général.
PLICK. Un général !

SCÈNE XV.
LES MÊMES, KLÉBER, apporté par des grenadiers, UN CHIRURGIEN.
(Le chirurgien s'empresse auprès de Kléber, et lui prodigue des secours.)

LE CAVALIER. On ne m'avait donc pas trompé ?... (reconnaissant Kléber) le général Kléber !

TOUS. Kléber !

PLICK. Kléber !.... allons, petit bonhomme vit encore.

LE CHIRURGIEN. Toujours évanoui, mais non, il revient à lui !...

KLÉBER, qui a repris ses sens, se lève et s'écrie. Sommes-nous vainqueurs ?..

LANNES, entrant. Oui, nous sommes vainqueurs,.. Alexandrie est à nous ! .

KLÉBER. Vive la France !..

SCÈNE XVI.
LES MÊMES, LANNES.

LANNES. Mes amis, nous sommes maîtres d'Alexandrie, Bonaparte vient d'en prendre possession, et il n'avait pas mis pied à terre que le gouverneur Koraïm, les imans, les schecks et les schérifs accouraient pour lui rendre hommage ; mais le général en chef a voulu que le premier exploit africain de l'armée expéditionnaire fût relevé par une éclatante inauguration ; il a ordonné que les victimes de cette mémorable journée reposeraient au pied de la colonne de Pompée !... (On entend des roulemens de tambours.) Entendez-vous ces sons funèbres ? c'est le convoi qui s'approche... Soldats, soyez prêts à rendre les honneurs militaires à vos braves frères d'armes.

(Tous les soldats prennent leurs armes et forment leur rang en silence.)

SCÈNE XVII.
LES MÊMES, BONAPARTE, L'ETAT-MAJOR, BON, MENOU.
(On apporte, sur des brancards, les soldats, et l'on s'arrête à la colonne de Pompée.)

BONAPARTE, allant à Kléber. Qu'avez-vous, général ?

KLÉBER, lui montrant sa blessure. Vous m'aviez permis de marcher à la tête de mes grenadiers..... j'ai usé de la permission.

BONAPARTE. Général, voilà comment on répare une faute... à l'avenir ne vous exposez plus ainsi... car ce sang qui coule est précieux pour la France !..... Soldats, votre destinée est belle, parce que vous êtes dignes de ce que vous avez fait et de l'opinion qu'on a de vous ; vous mourrez avec honneur comme les braves auxquels nous rendons en ce moment les derniers devoirs, ou vous retournerez dans votre patrie couverts de lauriers et de l'admiration de tous les peuples.

(En ce moment le matelot, couvert de sang et de poussière, accourt en criant.)

LE MATELOT. Bonaparte, Bonaparte !..

(Il tombe presque sans mouvement. Des soins lui sont prodigués.)

SCENE XVIII.
LES MÊMES, LE MATELOT.

BONAPARTE. C'est lui ! ne le laissons pas mourir !... vous ne savez pas tout ce qu'il a fait aujourd'hui pour nous... A tout prix, il faut le sauver.

LE MATELOT, *mourant*. Vain espoir !.. frappé à mort dans l'explosion de l'arsenal, je touche à mon dernier moment, mais je n'ai pas voulu mourir sans vous avoir revu... Général, ai-je bien payé ma dette ?

BONAPARTE. Au-delà !.. C'est moi qui suis maintenant ton débiteur.

LE MATELOT. Et bien ! votre main !...

BONAPARTE. La voilà !..

LE MATELOT. Vous ne me devez plus rien nous sommes quittes !... Ah !..

(Il expire.)

BONAPARTE, *essuyant une larme*. Noble victime d'un généreux dévouement, nous ne sommes pas quittes encore l'un envers l'autre... Soldats !..cet homme n'était pas Français cet homme n'était pas votre frère darmes... mais il était digne d'être l'un et l'autre... c'était un brave... C'est à lui que nous devons Alexandrie !.. il est mort pour nous !.. soldats !... lui refuserez-vous une place à côté de vos frères !

TOUS. Non ! non !...

BONAPARTE. Eh bien ! préparez-vous à lui rendre les honneurs dus aux nobles victimes de cette glorieuse journée !..

(Sur un signe de Bonaparte, les soldats déchargent les armes, et font le salut d'usage en pareille circonstance.)

DEUXIÈME TABLEAU.
Le théâtre représente les jardins du scheick El-Beckry.

SCÈNE PREMIÈRE.
LE SERGENT, PLICK, L'ENFUMÉ.

LE SERGENT, *ils entrent de droite*. En v'là des jardins qui sont dans le soigné !..

L'ENFUMÉ. Dites donc, grenadier Plick, c'est encore plus beau que l'Ile-d'Amour, et le bois de Romainville.

PLICK. Ah ! dam ! le général en chef Bonaparte ne s'est pas embêté ! il s'est signé un billet de logement chez le particulier le plus huppé de la ville du Caire, le scheick El-Beckry.

L'ENFUMÉ. Ah ça ! qu'est-ce que c'est ça, un sec ?

PLICK. Un scheik ?.. ma foi, j'en sais rien, je ne connais pas les grades des marabouts d'Égypte ; pourtant le scheick me fait l'effet d'être le commissaire de police de l'endroit ; seulement dans le pays les amendes se paient sur les talons... l'autre jour un flâneur de mauricaud m'avait soulevé ma montre..... je l'ai rattrapé, j'ai porté plainte... Je m'attendais à être indemnisé... le scheick a fait donner cinquante coups de latte sur la plante des pieds de mon voleur ; tout le monde m'a dit que je devais me trouver très-satisfait.

L'ENFUMÉ. En v'là une drôle d'amende.

LE SERGENT. Dis-moi donc, Plick : qu'est-ce que tu dis de la figure de ce scheick-là ? Est-il franchement des nôtres ? n'est-ce pas un chat qui fait patte de velours ?

PLICK. Le scheick El-Beckry ?.... Un sournois, lui, plus souvent !..... C'est un brave homme de musulman qui aime les Français autant que son café, et qui, pour nous, ferait mettre au vif tous les talons de ses administrés.

LE SERGENT. A la bonne heure !

PLICK. Il nous recrute un tas d'amis ; car il a beaucoup de crédit dans son arrondissement. Il paraît que la belle Zuléma sa sœur... a un faible pour nous et nous donne un fameux coup d'épaule... et je dis qu'elle en a de belles d'épaules..... c'est rond, c'est uni, comme ma giberne, et blanc comme ma buffleterie un jour d'inspection ; enfin c'est un vrai morceau de prophète ou de grenadier.

LE SERGENT. Bah !

PLICK. Oui, je la connais, nous sommes assez bien ensemble... j'ai été en faction devant son sérail... et, comme il faisait une chaleur à me calciner complètement, elle m'a envoyé...

L'ENFUMÉ. Un parasol ?

PLICK. Et non ! fconscrit... un sorbet...

L'ENFUMÉ. Qu'est-ce que c'est que ça un sorbet ?..

PLICK. Je l'ai avalé si vite que je n'en ai pu saisir le signalement.

L'ENFUMÉ. Si on pouvait me mettre en faction devant son palais !...

PLICK. Tu verrais que c'est une bonne enfant, et pas fière du tout pour un obélisque.

LE SERGENT. Tu veux dire odalisque ?

PLICK. Ah ! dam ! écoutez donc, je ne sais pas encore l'égyptien sur le bout de la langue. Tiens voilà justement Mᵐᵉ Zuléma...Voyez un peu si elle n'est pas plus belle que la déesse Raison qu'on nous promène à Paris comme une curiosité... En voilà une qui serait soignée en Vénus, et dans le costume de l'emploi.

SCÈNE II.

LES MÊMES, ZULÉMA, UN CHEF D'ESCLAVES.

ZULÉMA. Oui, c'est dans ces jardins que la fête ordonnée par mon frère aura lieu ; allez donner tous les ordres nécessaires.

(L'esclave sort.)

PLICK. Hein ! qu'est-ce que vous en dites, vous autres ?

L'ENFUMÉ. Bien... très-bien... et puis, dites donc comme c'est ficelé ! que de diamans! on dirait une boutique de bijoutier qui se promène, ça m'éblouit !..

ZULÉMA, à Plick. Français, je t'ai déjà vu, n'est-ce pas ?

PLICK. Oui... altesse ; j'ai eu l'honneur de me promener deux heures devant votre porte, sauf votre respect... je vous présente mon sergent, brave troupier..... vieux farceur qui se connaît en beau sexe, et qui pour le quart d'heure vous admire dans tous les sens...

LE SERGENT, bas. Nom d'un chien, quels yeux !

L'ENFUMÉ, bas. De vrais charbons !...

PLICK, bas. On y allumerait sa pipe... quoi !...

ZULÉMA. Comment vous trouvez-vous ici ?

PLICK. Voilà, ma seigneurie ; nous ne sommes pas de service aujourd'hui, et nous comptions suivre en amateurs notre général, qui, comme vous le savez, va fêter votre Mahomet, ni plus ni moins que s'il était inscrit sur le calendrier. Je crois que le cortège ne tardera pas à se mettre en route, et nous l'attendons.

ZULÉMA. Ami, renvoie tes camarades, il faut que je te parle.

PLICK, à part. De quoi ! de quoi !..... est-ce que par hasard j'aurais subjugué l'obélisque ?... Mes amis, la princesse me demande un tête-à-tête.

LE SERGENT. Vraiment ?

L'ENFUMÉ. Est-il heureux ! je ferais si bien une infidélité à ma Bourguignote !

PLICK. Soyez sûrs et certains, camarades, qu'en toutes sortes de combats je soutiendrai l'honneur de la république... Allez un peu me chercher dehors... nous sommes quatre ici..... et c'est deux de trop.

LE SERGENT. Bonne chance... Allons, conscrit, ne lève pas comme ça les yeux en l'air... c'est pas pour toi que le four chauffe... demi-tour à gauche, marche !...

(Ils sortent.)

SCÈNE III.

ZULÉMA, PLICK, ESCLAVES.

(Sur un signe de Zuléma, les esclaves ont étendu un riche tapis, jeté des coussins, apporté un narguilé. Zuléma s'étend mollement sur les coussins. Plick la regarde avec admiration.)

PLICK. En v'là un pays voluptueux ! on se couche toujours ; je crois qu'elle est encore plus belle comme ça.

ZULÉMA. Approche.

PLICK. Vraiment, est-ce qu'elle voudrait me tenter comme ci-devant saint Antoine ? je me laisserais délicieusement faire.

ZULÉMA. Place-toi là, je te le permets.

PLICK. Là-dessus ?.. (Il enfonce dans les coussins.) Oh ! mais ! oh ! mais !... ça devient de plus en plus divertissant, et si nous n'étions pas en plein air...

ZULÉMA. J'ai bien des choses à te demander.

PLICK. Altesse, je suis tout à votre service. (A part.) Ces diables de mauricauds me gênent considérablement. (Haut.) Princesse, est-ce que vous avez besoin de tous ces marrons d'Inde ?.. j'aimerais autant...

ZULÉMA. Ne crains rien, nous pouvons parler devant eux ; ces eunuques sont muets.

PLICK. Comment ! on leur a coupé la langue ! (A part.) Est-il permis d'abîmer comme ça le chef-d'œuvre de la divinité ?..

ZULÉMA. Écoute-moi !... je ne connais pas les usages de ton pays... je ne sais pas comment on aime en France.

PLICK. Comme partout.

ZULÉMA. Non, sous votre ciel triste et froid, le cœur doit être glacé ; non, les Françaises ne savent pas aimer..... sous notre ciel brûlant, au contraire, l'amour commença avec la vie, et cet amour se lit malgré nous dans nos yeux, il s'échappe malgré nous de nos lèvres; c'est un feu qui dévore et qu'on ne saurait étouffer, et cet amour, il est là, dans mon cœur.

PLICK, *à part*. En v'là une de conquête; si ces diables de mauricauds n'étaient pas là!

ZULÉMA. J'ai voulu combattre cette passion, qui, comme un torrent, m'entraîne à ma perte peut-être!... vains efforts... et celui pour lequel je suis prête à tout sacrifier, c'est un infidèle, un ennemi des croyans, c'est un Français, et ce Français n'est pas jeune et beau comme Desaix, imposant et fier comme Kléber!

PLICK, *à part*. Je n'ai pas cette prétention...

ZULÉMA. Il est pâle!

PLICK. Et même un peu jaune.

ZULÉMA. Son costume est toujours simple et modeste.

PLICK, *à part*. Il y a de bonnes raisons pour ça.

ZULÉMA. Mais son regard n'est pas celui d'un homme.

PLICK. Bah!

ZULÉMA. C'est celui de l'aigle...

PLICK. Allons, allons, elle me flatte l'Égyptienne... et elle ne me parle pas de ma moustache.

ZULÉMA. Aussi j'ai voué à cet homme tous les jours que le prophète m'a réservés, ce n'est plus que pour cet homme que Zuléma vit et respire.

PLICK. Ah!... ma foi, je n'y tiens plus... les muets en diront ce qu'ils voudront. (*Haut.*) Belle étrangère, moi aussi je vous aime, et je vais vous prouver que l'amour en égyptien ou en français c'est absolument la même chose! (*Il veut l'embrasser; mais celle-ci a fait un bond en arrière, a tiré son poignard; au même instant les esclaves se sont jetés sur Plick et l'ont renversé.*) De quoi! de quoi!... ah ça! entendons-nous : est-ce qu'on tue les amoureux en Égypte?

ZULÉMA. Je ne te comprends pas.

PLICK. Et moi je ne vous comprends plus. Voyons, altesse... appelons les choses et les gens par leur nom : l'homme au regard d'aigle, ce n'est donc pas moi?..

ZULÉMA. Toi!... parmi les infidèles, un seul pouvait me faire oublier ma croyance et mon devoir. Cet homme, c'est Bonaparte.

PLICK. Merci! en v'là une fausse manœuvre.

ZULÉMA. Et, si je t'ai ouvert mon cœur, à toi, c'est que l'autre jour tu m'as dit que cet homme était aussi ton héros et ton Dieu ; si je t'ai parlé de lui, c'était pour t'en entendre parler à ton tour, c'était pour apprendre par toi quelques-unes de ses grandes actions.

PLICK. Vous ne pouviez pas mieux vous adresser ; je sais ses victoires sur le bout du doigt, vu que l'ennemi me les a presque toutes numérotées sur le corps..... Je vous dirai donc.... Minute, v'là la musique de la 32e qui vient se mettre à la tête du cortége... Bonaparte va sortir ; en attendant que je vous en reparle, regardez-le, brûlante Égyptienne. (*A part.*) Étant enfoncé par le général en chef, il n'y a pas d'affront ; c'est égal, la 32e vient de faire long feu...

ZULÉMA. Oui, c'est lui, c'est Bonaparte!

SCENE IV.

Les Mêmes, la Musique; puis les Officiers et les Guides, BONAPARTE, son État-Major.

BONAPARTE, *à ses officiers*. Oui, messieurs, le premier article de foi des peuples de ce pays est celui-ci : il n'y a pas d'autre Dieu qu'Allah, et Mahomet est son prophète... ne les contredites pas... agissez avec eux comme vous avez agi avec les Juifs, les Italiens, les protestans ; ayez du respect pour leurs muphtis et leurs imans, comme vous en avez eu pour les rabbins et les évêques ; n'oubliez pas que les légions romaines protégeaient tous les cultes.

ZULÉMA. Général, vois venir à toi mon frère El-Beckry, le divan, et les ministres de notre sainte religion... ils viennent pour te rendre hommage, et te servir de guides jusqu'à la grande mosquée.

BONAPARTE. Et vous, belle Zuléma, ne nous quittez pas... et soyez certaine qu'aucun de nous ne touchera même votre voile.

(*Zuléma s'incline ; en ce moment paraissent les scheicks, membres du divan, ayant à leur tête El-Beckry ; ils sont suivis des esclaves et du peuple.*)

SCENE V.

Les Mêmes, EL-BECKRY, PLICK, LE SERGENT, L'ENFUMÉ, Membres du divan, etc.

(*Après que les membres du divan ont salué Bonaparte, El-Beckry s'avance et dit.*

EL-BECKRY. Prince des Français, lumière des lumières, les membres du divan et le peuple du Caire t'offrent par ma voix l'expression de leur amour et de leur reconnaissance : non content d'avoir délivré l'Egypte du joug des odieux Mameloucks... tu rends à la religion son lustre et son éclat. Sois trois fois béni, entre tous les bénis de la terre.

BONAPARTE. Les Mameloucks, ce ramassis d'esclaves recrutés dans le Caucase et la Géorgie, tyrannisaient depuis longtemps la plus belle partie du monde... je suis venu, par la volonté de Dieu, de qui tout dépend, et l'empire des Mameloucks a été détruit... Scheicks, cadis, imans, et vous, peuple, nous allons nous rendre à la mosquée d'El-Aghar pour célébrer la fête de Mahomet, votre immortel prophète. (*Murmure d'approbation et de joie; après une pause et s'adressant aux membres du divan.*) Membres du divan, je suis content de votre conduite ; mais le scheick El-Beckry surtout a bien mérité de la nation française... Son zèle, son dévouement à notre cause, sont dignes d'une haute récompense.... Scheick El-Beckry, je vous nomme gouverneur suprême de la ville du Caire.

PLICK, *bas*. Dites donc, sergent, le v'là monté en grade le commissaire...

(*Deux officiers d'ordonnance paraissent, portant, l'un, un coussin, l'autre une pelisse d'hermine. Le scheick s'avance et s'agenouille.*)

BONAPARTE, *qui a pris la pelisse et l'attache au scheick*. Au nom de la république française, le général Bonaparte donne cette pelisse d'hermine au scheick El-Beckry. Et maintenant rendons-nous à la grande mosquée d'El-Aghar; nous y prierons le Seigneur pour la prospérité de l'Egypte et pour la gloire de la France.

(*Le cortège se forme et se met en marche; quand tous se sont éloignés, Zuléma est restée, Ali-bey et El-Ougha paraissent, et tous deux viennent s'agenouiller devant Zuléma.*)

SCÈNE VI.

ZULÉMA, ALI-BEY, EL-OUGHA, ESCLAVES.

ZULÉMA. Que voulez-vous?

ALI. Parler à la belle Zuléma, à la sœur du noble El-Beckry.

ZULÉMA. A moi ?...

ALI. Oui, mais à toi seule.

ZULÉMA. Pourquoi ce mystère ?

ALI. Parce que je suis proscrit, parce que ma tête est mise à prix; parce que je m'appelle Ali.

ZULÉMA. Ali !... (*Aux esclaves.*) Retirez-vous !... retirez-vous !

SCÈNE VII.

LES MÊMES, *hors les* ESCLAVES.

ZULÉMA. Que viens-tu faire dans cette ville, noble Ali? pourquoi affronter une mort inutile et certaine ?

ALI. Si je suis venu, c'est qu'on m'a appelé; c'est qu'on m'a dit : L'Egypte peut être délivrée : du secret, du courage et du sang, voilà ce qu'il faut pour que le Caire soit libre.

ZULÉMA. Et qui t'a appelé? qui t'a dit cela ?

ALI. Le plus ancien et le plus sûr de mes amis, celui qui, sous les dehors trompeurs de la servilité, cache une haine implacable à nos oppresseurs... El-Beckry.

ZULÉMA. Mon frère !...

ALI. Oui, il a conçu un projet qui doit assurer la perte des Français renfermés dans cette ville.

ZULÉMA. Que dis-tu? mon frère serait un traître !

ALI. Un traître... oh ! non ; honneur à celui qui se dévoue tout entier à la cause sainte; honneur à lui, qui s'est fait le chef d'une aussi dangereuse entreprise !

ZULÉMA. Un complot a donc été formé ?

ALI. Sans doute!

EL-OUGHA, *bas*. Prends garde, seigneur.

ALI. Devais-je penser qu'El-Beckry avait un secret pour sa sœur ?

ZULÉMA. S'il ne m'a pas confié ce projet, c'est qu'il a douté, non de ma discrétion, mais de mon courage ; il ne sait pas que dans ce cœur de femme il y a autant de force et de dévouement que dans le sien peut-être. Parle, parle donc, noble Ali, et au moment du danger tu verras Zuléma marcher du même pas que toi, braver la mort, et la recevoir comme toi pour la défense et le salut de ceux qu'elle aime.

ALI. Je te reconnais à ce langage... El-Ougha, veille à ce que personne ne puisse nous surprendre.

ZULÉMA. Quel est ton espoir?

ALI. Sauver l'Egypte... Partout on regrette le pouvoir des Mameloucks, partout on fait des vœux pour qu'ils redeviennent les maîtres de ce pays, et, si les provinces ne se sont pas encore soulevées, c'est qu'elles attendent que le Caire leur donne le signal du massacre... Eh bien ! ce signal, aujourd'hui le Caire le donnera.

ZULÉMA. Aujourd'hui ?...

ALI. Tu connais nos usages.... le jour de la fête de Mahomet, au sortir des mosquées, au retour de la prière... toute la population mêlée, confondue sur les places de la ville, se livre au plaisir, au désordre même. El-Beckry m'apprend que rien ne sera changé. Bonaparte l'a voulu ainsi : tout-à-l'heure la foule se pressera donc sur nos places, et jusque dans ces jardins, où, par les ordres de ton frère, par les tiens même, une fête a été préparée... ici, comme dans la ville, vainqueurs et vaincus se réjouiront ensemble ; ici, comme dans la ville, circuleront à profusion dans les rangs de nos ennemis ces funestes liqueurs que la sagesse du prophète interdit à ses fidèles... boissons dangereuses qui troublent la raison, éteignent les forces, et qui nous livreront nos ennemis. Quand leur ivresse sera devenue du délire, quand leurs bras n'auront plus la vigueur de supporter le poids de leurs armes, quand ils ne pourront plus entendre la voix de leurs chefs, quand leurs genoux chancelans ne leur permettront même pas de fuir, alors, de cette terrasse, le signal sera donné ; à ce signal, tous les poignards sortiront du fourreau pour se plonger dans le cœur de nos ennemis : je me suis réservé le plus illustre de nos usurpateurs..... à moi l'honneur d'immoler Bonaparte.

ZULÉMA. Bonaparte !...

ALI. Qu'as-tu donc ? pourquoi ce trouble ?... ton courage faiblirait-il déjà ?

ZULÉMA. Pardonne-moi... mais...

ALI. Zuléma, prends garde... je t'ai confié mon secret, mais, en échange, toi, tu me donnes ta vie. Dès cet instant mon regard ne te quittera plus... Zuléma, j'ai lu dans tes yeux plus de pitié que de haine pour nos ennemis ; mais je ne crains pas que tu nous trahisses, car, je te le répète, Ali ne te perdra plus de vue, et si tu dis un mot, si tu fais un geste pour nous dénoncer, le coup que je destinais à Bonaparte sera pour toi.

ZULÉMA. Ali, ta menace m'a moins effrayée que le doute que tu avais conçu : la mort de Bonaparte ou la mienne..... tu l'as dit ; eh bien, Ali, tu verras si Zuléma sait trahir.

EL-OUGHA. Voilà Bonaparte !
(Fanfares.)

ALI. Déjà !

EL-OUGHA. Seigneur, il faut éviter les regards de nos ennemis, jusqu'au moment où le signal nous apparaîtra.

ZULÉMA. Et ce signal, quel sera-t-il ?

ALI. Zuléma, c'est ton frère qui doit nous le donner, demande-le-lui ; pour moi, je t'en ai trop dit déjà, peut-être. (Bas.) Ne nous éloignons pas trop... car il faut que cette femme reste toujours sous nos yeux et sous la pointe de nos poignards.
(Ils sortent. Le cortège reparaît, mais déjà il y a plus de désordre.)

SCENE VIII.
Les Mêmes, BONAPARTE, EL-BECKRY, PLICK, LE SERGENT, L'ENFUMÉ, État-Major.

CRIS. Vive Bonaparte !...

EL-BECKRY. Vous l'entendez, général, toujours des cris d'enthousiasme et d'amour... le peuple vient de vous fêter par ses acclamations ; à mon tour maintenant. Par les soins de Zuléma, une fête digne de vous a été préparée, puis-je espérer que vous et vos illustres compagnons vous consentirez à passer ici le reste du jour ?

BONAPARTE. J'ai voulu que mes soldats se confondissent avec le peuple dans cette journée tout entière consacrée à la joie ; mes officiers et moi, nous acceptons avec reconnaissance l'hospitalité que vous nous voulez bien offrir.

EL-BECKRY. J'avais encore une faveur à solliciter de vous, seigneur.

BONAPARTE. Parlez !

EL-BECKRY. Les habitans du Caire seraient heureux de voir encore une fois s'élever dans les airs ces feux merveilleux que vous avez apportés d'Occident, ces feux qui semblent avoir été dérobés au soleil, qui éclairent au même instant toute une ville de leurs mille couleurs, et qui, nous a-t-on dit, sont en Europe le complément magnifique de toutes les fêtes nationales.

PLICK. Il veut un feu d'artifice, le commissaire.

BONAPARTE. Votre demande vous est accordée !...

ZULÉMA, à part. Quel soupçon !...

BONAPARTE. Quel emplacement désignez-vous ?

EL-BECKRY. L'extrémité de cette terrasse ; ainsi ce feu sera vu de toute la ville... me permettrez-vous encore de choisir le moment où cet admirable spectacle devra commencer ?

BONAPARTE. Mes artilleurs attendront vos ordres.

ZULÉMA. Plus de doute... c'est là le signal convenu... oh ! le sauver et mourir... (Elle écrit à la hâte, pendant que Bonaparte cause avec son état-major.) « On le trahit, » Ali-Bey est dans la ville... les partisans des » Mameloucks s'arment... le signal convenu pour le massacre des tiens sera ce » feu même allumé à l'extrémité de la

» terrasse... tu sais tout; maintenant que
» ton Dieu te sauve et me frappe, car pour
» toi j'ai dénoncé, j'ai perdu mes frères. »
(*A part.*) Comment lui remettre cet avis?
Ali est près de moi sans doute, et son
regard suit tous mes mouvemens; ah!.
(*A Plick.*) Français, veux-tu porter ce billet à Bonaparte?

PLICK, *à part.* Voilà qui est humiliant.

ZULÉMA. Tu hésites? mais il y va de sa vie.

PLICK. Hein?

ZULÉMA. Prends garde... car si on me voyait te glisser cette lettre... tu n'aurais pas le temps de la porter à ton maître.

PLICK. Diable, la petite poste ne s'exécute pas facilement ici... c'est égal, donnez toujours.

(*Bonaparte semble indiquer l'endroit du feu d'artifice; il redescend la scène; les officiers exécutent ses ordres; Plick s'est approché de lui; Ali a paru, toujours enveloppé, et s'approche de Zuléma et de son frère.*)

EL-BECKRY, *bas.* Le succès est sûr maintenant, la prudence de Bonaparte sommeille.

ALI. Et la trahison n'aura pas le temps de l'éveiller.

PLICK, *bas.* Pardon, mon général.

BONAPARTE. Que me veux-tu?

PLICK. J'ai une lettre pour vous. Il paraît que ce chiffon de papier vaut trois coups de poignard, car j'ai risqué ça pour vous l'apporter.

BONAPARTE. Donne.

PLICK. Si il est amoureux, il va me nommer au moins caporal.

BONAPARTE. C'est bien; va-t'en.

PLICK. Ça suffit, mon général. (*A part.*) Allons, voilà une campagne qui ne m'avancera pas beaucoup.

BONAPARTE. Si elle ne m'a pas trompé... malheur aux traîtres... Je serai sans pitié... Lannes, approche.

EL-BECKRY. Général, voulez-vous bien permettre que notre fête commence?

BONAPARTE. Certainement!

EL-BECKRY. Ne prendrez-vous pas la place qui vous a été réservée?

BONAPARTE, *à ses Officiers.* Suivez-moi, messieurs, j'ai des ordres à vous donner, et, dans leur exécution, je vous recommande avant tout discrétion et célérité.

(*Bonaparte et ses officiers vont se placer sous un riche dais; Zuléma veut les suivre; Ali se place devant elle et l'arrête au même instant. Plick vient aussi près de Zuléma et repousse brusquement Ali. Les danses commencent. Bonaparte ne cesse de donner des ordres; les officiers vont et viennent; un esclave vient s'agenouiller devant El-Beckry, qui aussitôt se lève.*)

EL-BECKRY. Seigneur, on m'annonce que tout est prêt dans la salle du banquet.

BONAPARTE. Seigneur El-Beckry, vous êtes un hôte loyal et magnifique, un fidèle ami de la France, guidez-nous. (*A un officier.*) Mes ordres?..

L'OFFICIER. Seront ponctuellement exécutés.

BONAPARTE. C'est bien. (*A ses officiers.*) Messieurs, vous avez reçu vos instructions. Quant à toi, Lannes...

LANNES. Moi, je ne vous quitte plus, mon général.

BONAPARTE, *à part.* Doublons encore la confiance de nos ennemis. (*Haut.*) Soldats, j'ai consacré cette journée tout entière au plaisir... je vous cède la place... à votre tour, mes amis...

EL-BECKRY. Du vin, des liqueurs à pleines coupes... allez.

BONAPARTE. Entrons.

ALI, *bas à Zuléma.* Reste!..

SCÈNE IX.

ZULÉMA, PLICK, ALI, LE SERGENT, L'ENFUMÉ, SOLDATS, ARABES, *etc.*

LE SERGENT. Le général l'a dit, c'est à notre tour de nous en donner.

TOUS. A la danse!..

LE SERGENT. Allons, Grain d'orge, va chercher tes camarades, nous allons danser à grand orchestre.

TOUS. C'est ça...

L'ENFUMÉ. Dites donc, sergent, il y a disette de vivandières...

PLICK. Eh bien! en avant les obélisques! allons, les airs de France; ça leur donnera du cœur aux jambes... Français, la main à l'Égypte... fifres et tambours, en avant.

(*La danse s'anime; on ne s'arrête que pour donner le temps aux danseuses de prendre leur part des rafraîchissemens. On apporte à boire à Plick, qui est debout devant Zuléma à demi couchée sur un divan. Ali est à ses pieds qui lui montre en souriant l'ivresse des soldats.*)

PLICK. Merci, mauricaud; à votre santé, altesse. (*A part.*) C'est drôle, je commence à en voir deux altesses.

ALI, *bas à Zuléma.* Ils se livrent à nous.

ZULÉMA, *à part.* Et Bonaparte? que fait Bonaparte?

PLICK. Mon sergent, prenez garde à vous.

LE SERGENT. Sois tranquille, ça passera encore...

L'ENFUMÉ. Il est joliment fort, le punch égyptien; il me semble que je soupe dans

la rue du chat qui pêche: (*Prenant la main d'une danseuse.*) Bayadère, vous pouvez vous vanter de danser avec un bonhomme ému.
LE SERGENT. En avant!
(*Le désordre est à son comble; l'un embrasse sa danseuse, l'autre tombe ; celui-là s'arrête pour boire. El-Beckry paraît. De tous côtés on voit des Arabes qui avancent la tête et ont la main sur leurs poignards.*)

SCÈNE X.
LES MÊMES, BONAPARTE, LANNES, EL-BECKRY.
(*A la vue de Bonaparte le tableau reste posé. Chacun semble attendre ou un ordre ou un signal. Les soldats crient tous : Vive Bonaparte.*)
EL-BECKRY. Général, voici le moment de donner à la ville du Caire...
BONAPARTE. Le signal qu'elle attend, n'est-ce pas?.. voyez, seigneur El-Beckry, on a été au-devant de vos désirs....
(*On distingue la lueur du feu d'artifice.*)
ALI, *se levant*. Amis ! c'est l'heure de notre vengeance!
(*Tous les Arabes se lèvent et semblent sortir de terre. Les Français surpris reculent.*)
BONAPARTE. Traîtres ! c'est aussi l'heure de ma justice! écoutez!..
(*Moment de silence. De tous côtés on entend battre la charge.*)
ALI. Nous sommes trahis à notre tour, Bonaparte, tes défenseurs arriveront trop tard.
(*Il veut s'élancer vers lui ; mais Lannes le repousse et le renverse.*)
BONAPARTE. A moi, grenadiers.
(*Des portes du manège sortent deux compagnies de grenadiers, derrière lesquels se rallient les Français. Le combat est bientôt terminé, Ali renversé se traîne jusqu'à Zulëma, qu'il frappe.*)
ALI, *tombant*. Je te l'avais dit, Zulëma, la vie de Bonaparte ou la tienne.

ACTE TROISIÈME.
ALLEMAGNE.
Le théâtre représente une tente. Les bivouacs de l'armée française sont en vue du public.

PERSONNAGES.	ACTEURS.	PERSONNAGES.	ACTEURS.
NAPOLÉON.	M. GOBERT.	LE SERGENT.	M. STENOL.
LANNES.	M. GAUTHIER.	PLICK.	M. PARENT.
DUROC.	M. CRÉAL.	LE COMTE DE HAUWITZ.	M. CAMILLE.
JOSEPH PLICK, lieutenant.	M. EDMOND.	GRENADIERS, SOLDATS.	

La scène est sur le champ d'Austerlitz.

SCÈNE PREMIÈRE.
PLICK, SOLDATS DE LA GARDE IMPÉRIALE.
LE SERGENT. Allons, camarades, encore un coup de main... L'empereur aimera mieux que tout soit arrangé par nous que par ses valets de chambre... Le manteau de l'empereur sur sa chaise.. ici, sa petite table pour ses cartes et ses papiers... à merveille. Eh bien! Plick, tu ne nous aides pas?
PLICK. Non... non... je n'aime pas toutes ces dorloteries-là.
LE SERGENT. Tu plaisantes... Soldat, général ou empereur, il faut que chacun se donne ses aises... quand il le peut.
PLICK. Je vous répète, sergent, que je n'aime pas faire la guerre en petite-maîtresse.
LE SERGENT. Petite maîtresse? oh! ah! la garde impériale... petite-maîtresse!..
PLICK. Riez... tant que vous voudrez, sergent, et vous aussi, camarades ; mais je me rappelle que j'ai fait les campagnes de Sambre-et-Meuse sans habit et celles d'Italie sans souliers... c'était le bon temps ; soldats, officiers, généraux, nous mourions tous de faim, comme pairs et compagnons, à la bonne heure !... maintenant nous voilà pimpants comme des cardinaux, et nos capitaines sont dorés comme des calices...
LE SERGENT. Nos uniformes ne sont fichtre pas trop beaux pour nous... Ah ça! tu regrettes donc toujours ta république? prends garde, Plick, prends garde... si l'empereur savait ce que tu dis quelquefois?
PLICK. Je me gênerais peut-être pour le lui répéter..... ça n'empêche pas que je l'aime. Oui, je l'aime et j'en ai de bonnes raisons.
LE SERGENT. Je le crois ; ton fils élevé à l'école militaire, et peut-être officier à l'heure qu'il est... c'est quelque chose.
PLICK. Et croyez-vous que je n'aie rien fait pour ça?... Un coup de poignard empoché, la garnison de Pavie sauvée, je crois aussi que c'est quelque chose... Quant à la république, dont vous venez de parler, sergent, je m'en soucie comme des cendres de ma pipe ; mais, au moins, dans ce temps-là, je disais à monseigneur le maréchal duc de Montebello..... Bonjour, Lannes ; comment que ça te va? Allez donc lui chanter cet air-là maintenant?
LE SERGENT. Oh! dam ! les rangs, les titres, tout ça rentre dans la discipline, et la discipline est une belle chose qui date de loin, elle nous vient des Romains... bons soldats, à ce que disent les proclamations.
PLICK. J'ai cependant entendu dire à un savant de l'armée d'Égypte que les soldats de César, qui était aussi un empe-

reur, et un fameux, lui disaient sans façon : César, comment que tu te portes?

LE SERGENT. Fichtre! et César, qu'est-ce qui répondait?

PLICK. Parbleu! ça va tout seul : Bien, et toi?

LE SERGENT. Bigre!.. si ton savant ne t'a pas trompé, ça devait faire un empereur assez jovial... Mais voilà le nôtre... rangeons-nous.

(*La garde se met sous les armes.*)

SCÈNE II.
Les Mêmes, NAPOLÉON, Généraux, Officiers.

NAPOLÉON. Que les cinquième, sixième et septième divisions continuent leur mouvement de retraite, et que le deuxième et le troisième corps viennent s'appuyer sur la droite de cette position? (*Aux officiers.*) Allez porter mes ordres?

LANNES. Une retraite? après avoir écrasé les Autrichiens à Ulm? après être entré à Vienne? Sire, est-ce parce que les ennemis ont trente mille hommes de plus que nous que nous battons en retraite?

NAPOLÉON, *gaîment*. Mais, trente mille hommes... c'est quelque chose.

LANNES. Moins que rien, sire; une bagatelle; vous nous l'avez prouvé plus d'une fois.

NAPOLÉON, *riant*. Eh bien! monsieur le curieux, ce n'est pas pour cette bagatelle que nous semblons nous retirer... prenez ma longue vue... examinez l'armée russe, que fait-elle?

LANNES, *après avoir regardé*. Morbleu! elle vient nous attaquer, je crois...

NAPOLÉON. Non, non, maréchal, pas encore; mais, pleine de confiance, elle quitte les hauteurs qu'elle occupait pour venir nous disputer la plaine, et c'est ce que je voulais... Messieurs, avant demain soir, cette armée sera à moi.

LANNES. Ah! sire, pardon, je ne suis qu'un fou.

NAPOLÉON. Vous êtes, mon cher Lannes, un de mes plus braves lieutenans...

LANNES. Je suis, du moins, un des plus dévoués... j'espère bien que vous ne m'oublierez pas demain.

NAPOLÉON. Voilà une nouvelle manière de demander un poste dangereux... c'est une habitude chez vous, maréchal!... Duroc!.. quelles nouvelles de Paris?

DUROC. Ce rapport du ministre de la police...

NAPOLÉON, *prenant le papier*. Ah! bon... des commérages, le faubourg Saint-Germain désire que je sois battu... c'est naturel; je n'ai plus de biens à lui rendre, et les faveurs qu'il n'ose me demander, il peut les attendre d'un autre..... Comment donc! il arme contre moi... la Suède... le Danemarck... la Russie...

DUROC. Quant à la Prusse, sire, il pourrait avoir raison; le comte de Haugwitz, premier ministre du roi de Prusse, est arrivé à Brünn... il a fait demander des passeports pour le quartier-général, et il vient, sans doute, pour nous signifier la déclaration de guerre de son maître.

NAPOLÉON. Eh bien! qu'il vienne!... nous, messieurs, allons voir si les mouvemens que j'ai ordonnés ont été exécutés... (*A part.*) Ah! j'oubliais!.. (*Haut.*) Sergent! (*Le sergent s'avance.*) N'avez-vous pas dans votre compagnie un nommé Plick, grenadier dans ma garde?

LE SERGENT. Oui, sire; et il est ici.

NAPOLÉON. Qu'il approche.

LE SERGENT, *appelant*. Grenadier Plick! l'Empereur veut vous parler.

PLICK, *sortant du rang*. Présent!

LE SERGENT, *bas, à Plick*. Tiens-toi bien, mon pauvre Plick!

NAPOLÉON, *le regardant*. Ah! te voilà, vieux grognard!

PLICK, *à part*. Vieux grognard! allons, c'est sûr, on a fait des rapports.

NAPOLÉON. Tu es donc toujours soldat?

PLICK. S'il ne fallait que du courage et des blessures, il y a long-temps, sans me vanter, que je serais caporal.

NAPOLÉON. Mais, la croix..... pourquoi ne l'as-tu pas?

PLICK, *brusquement*. Demandez à ceux qui la donnent.

NAPOLÉON, *sévèrement*. C'est moi seul... (*A part.*) Mais je ne puis penser à tout et à tout le monde. (*Haut.*) Plick, je voulais te parler; mais je crois qu'il vaut mieux qu'un autre le fasse à ma place. Demeure ici, jusqu'à ce qu'un officier vienne te chercher de ma part... tu m'entends? (*L'empereur parle bas à un officier, puis s'approchant de Duroc et à part :*) Si ce soldat n'est pas tué demain, que son nom soit inscrit sur le livre de la Légion d'Honneur! (*Duroc écrit l'ordre.*) Suivez-moi, messieurs!

SCÈNE III.
PLICK, LES SOLDATS.

LE SERGENT. Eh bien! Plick, tu as vu, tu as entendu... je t'avais prévenu, mon vieux.

PLICK. Oui, sergent, oui, je vois que

je ne suis pas dans de beaux draps!... le petit caporal a parlé tout bas à Duroc, qui a pris mon nom..... et puis cet officier qui va venir... (*Se grattant l'oreille.*) Diable!.. ça va mal... allons, allons, au petit bonheur! Au fait? qu'est-ce que j'ai à craindre? ils me fusilleront pas, peut-être!

LE SERGENT. Non, mais on pourrait bien te faire quitter la garde.

PLICK. La veille d'une bataille! mille noms d'un chien! qu'ils ne s'en avisent pas!

SCENE IV.
LES MÊMES, JOSEPH PLICK, LIEUTENANT.

JOSEPH. Le grenadier Plick est-il ici?

LE SERGENT. Le voilà, mon lieutenant! (*Aux Soldats.*) Éloignez-vous!..... laissons exécuter les ordres de l'empereur!

(*Ils se retirent tous à l'écart.*)

PLICK, *à part.* Me faire interroger par un blanc-bec! en voilà une sévère! (*Le regardant du coin de l'œil.*) Il a, cependant, un assez bon chique.

JOSEPH, *s'avançant.* Comment! vous ne me dites rien?

PLICK. Ce n'est pas à moi, lieutenant...

JOSEPH. Lieutenant! comment, vous ne me reconnaissez donc pas?

PLICK. Je ne crois pas avoir eu l'honneur... (*A part.*) Faut être poli!..

JOSEPH. L'honneur!.... mais regardez-moi donc!

PLICK, *se retournant.* Eh! mais... non... si... Dieu me pardonne, c'est Joseph!... mon fils!... mon fils!... (*Il le prend dans ses bras.*) Pardon, lieutenant!...

JOSEPH. Eh!.. mon père, embrassez-moi?

PLICK. Volontiers..... mais, vois-tu, c'est cette diable de discipline... dont nous parlions tout-à-l'heure avec le sergent... Sais-tu si les Romains embrassaient leurs lieutenans?

JOSEPH. La discipline ne me défend pas d'aimer mon père; elle ne vous commande pas de ne point embrasser votre fils.

PLICK. Tu as raison... et quand elle le défendrait... la nature forcerait la consigne... Te voilà donc lieutenant? mon chef! et il faut que je te respecte; c'est drôle, tout de même.

JOSEPH. Ce qu'il faut, mon père, pour moi, c'est que vous m'aimiez.

PLICK, *le regardant.* Mais c'est qu'il est bien tourné! je vois maintenant que le sergent n'avait pas tort... l'uniforme des officiers n'est que ce qu'il faut... Et depuis quand ici?

JOSEPH. Depuis hier... et lieutenant des guides de l'empereur depuis ce matin.

PLICK. C'est ça qu'il voulait me dire... Et moi qui croyais... Joseph, ne me parle plus...

JOSEPH. Comment?

PLICK. Tiens... franchement, j'ai mérité d'être fusillé.

JOSEPH. Vous, mon père?... c'est impossible.

PLICK. Mais, fichu blanc-bec, quand je te dis... Excusez, lieutenant?

JOSEPH. Eh! mon père, oubliez mon grade, ne voyez en moi que votre fils, votre Joseph, qui, bien que jeune, peut vous donner un bon conseil... Voyons, qu'avez-vous donc fait?

PLICK. Rien... mais j'ai parlé assez librement.

JOSEPH. De l'empereur?

PLICK. Ma foi, oui... sur lui et sur d'autres.

(*Ici l'empereur, suivi de Duroc, paraît et fait signe qu'on ne lui rende aucun honneur... Il a entendu les derniers mots et il s'approche doucement.*)

SCENE V.
LES MÊMES, NAPOLÉON, DUROC.

JOSEPH. Au nom du ciel! mon père, qu'avez-vous pu en dire?

NAPOLÉON, *galment, à part, et s'approchant.* Je ne serais pas fâché de le savoir.

PLICK. D'abord, je l'ai vu avec peine se faire empereur.

NAPOLÉON, *à part.* Sans doute, il aurait fallu me consulter.

PLICK. Je l'aimais mieux consul.

JOSEPH. Consul ou empereur, qu'importe le nom? un chef n'est-il pas aussi nécessaire à un état qu'un général à une armée?

NAPOLÉON, *à part.* Pas mal, pour une si jeune tête!

JOSEPH. Les mots ne signifient rien.

PLICK. Possible... Quant au petit caporal, s'il n'y avait que lui qui ait eu de l'avancement, je ne dirais rien... parce que c'est un cadet à part; mais de voir tous ces comtes d'un jour, tous ces ducs d'une semaine, tous ces nobles enfin, qui poussent comme des champignons, je te dis que c'est dur... Que diable! je ne me suis pas battu depuis dix ans, moi, et cinq cent mille autres, pour voir reconstruire tout ce que nous avons démoli avec tant de peine... Je me souviens des princes et des marquis de l'ancien régime... c'étaient des messieurs complétement embêtans... les grades étaient pour eux,... les honneurs toujours pour eux,... le droit même de mourir glorieusement, tant sur terre que sur mer,... ils l'avaient seuls... Il fallait être ce qu'ils appelaient gentilhomme ; j'ai vu ça.

JOSEPH. Mais, mon père, la noblesse de l'empereur...

PLICK. Ta!.. ta!.. ta!.. la noblesse est toujours la noblesse!.. c'est comme le vin qui est toujours le vin, avec cette différence que le nouveau... suffit, je m'entends..

NAPOLÉON, *à Duroc.* Il est temps que j'arrive au secours de mon allié, sans quoi il pourrait bien être battu.

JOSEPH. L'empereur!!

PLICK, *à part.* Ah! je suis pincé!

NAPOLÉON, *s'avançant.* Ainsi donc, monsieur Plick, vous n'aimez pas plus la noblesse que le vin nouveau?

JOSEPH. Croyez, sire, que mon père...

NAPOLÉON. Laissez-nous causer, monsieur le lieutenant... Voyons, Plick, tu n'aimes pas les nobles; mais, d'abord, les miens ne ressemblent guère à ceux que tu as connus. Ma noblesse, à moi, ce n'est pas la naissance qui la donne, c'est le mérite,... ce sont les talens,... c'est la vertu,... Le fils d'un artisan, celui d'un petit fermier, seront ducs ou comtes, princes même, si je les crois dignes de ce rang.

PLICK. Je conviens que c'est quelque chose.

NAPOLÉON. Toi, qui es un vieux routier, qui as vu le monde, tu dois comprendre qu'il est des récompenses qu'un empereur doit pouvoir accorder sans appauvrir l'État; car, enfin, si je n'avais ni titres ni honneurs à accorder, il n'y aurait que l'argent qui pourrait récompenser les services. Ne vaut-il pas mieux dire au brave général, à l'artiste habile, au savant jurisconsulte : Je vous fais maréchal, comte, baron, que de leur dire, je vous donne cent, deux cent, trois cent mille francs? Et où le prendre cet argent? sur le peuple... car, en définitive, c'est toujours lui qui paie,.. non, non, je dois être meilleur ménager de sa bourse. Que lui importent, après tout, ces titres auxquels il peut prétendre? Quels privilèges emportent-ils? Les fils d'un comte ou d'un duc seront conscrits comme le fils d'un paysan,... contribuables comme lui... Au contraire, j'exige général plus d'eux... Ce que j'aurai accordé aux pères, il faudra que les fils me le rendent en dévouement, en services, avec moi, point de noblesse fainéante, oisive, insolente... Egaux devant la loi, tous les Français pourront marcher du même pas à la gloire ou à la fortune.

PLICK. Par ma foi, mon empereur, j'avoue que vous expliquez la chose de manière... Allons, allons, soit duc ou maréchal qui pourra, je ne m'en inquiète plus.

NAPOLÉON. Ton fils peut le devenir.

PLICK. C'est vrai, morbleu! vivent les maréchaux! vivent les ducs!

NAPOLÉON, *lui prenant la moustache.* Va, j'étais bien sûr que nous nous entendrions,... Écoute, demain nous livrons bataille, et tu dois désirer de causer avec ton fils... je t'exempte, pour ce soir, de tout service, et voilà pour payer le souper que tu dois lui donner...... Prends... Il n'est pas convenable que le fils paie pour le père.

(Il lui remet quelques pièces d'or.)

PLICK. Puisque vous le voulez, merci, mon empereur; mais il n'était pas besoin de ça... Je vous ai toujours aimé... Mais, maintenant,... que nous nous sommes expliqués,... ce n'est plus de l'amitié,... c'est... morbleu! je voudrais bien connaître quelqu'un qui ne fût pas votre ami... Ah! ah! les Russes n'ont qu'à bien se tenir.

NAPOLÉON. Va...... va..... je compte sur toi.

PLICK. Viens, Joseph, je veux qu'on boive, ce soir, à la santé de l'empereur; et le premier qui renoncera,... suffit... il aura affaire à quelqu'un.

NAPOLÉON. Point de folies!... Il faut qu'à dix heures, au plus tard, chacun soit à son poste... Songe que la discipline...

PLICK, *à part.* Ah! voilà encore le grand mot... (*Haut.*) Soyez tranquille, mon empereur tout se passera militairement, et, d'ailleurs mon lieutenant sera là pour me rappeler à l'ordre.

(Il sort avec son fils.)

SCÈNE VI.
NAPOLÉON, DUROC.

DUROC. Votre majesté est aussi satisfaite d'avoir battu en paroles un grenadier de sa garde qu'elle pourrait l'être de déjouer les ruses d'un diplomate autrichien.

NAPOLÉON. Duroc, je suis plus fier de cette victoire!.. avec un ambassadeur, je pourrai étonner, séduire,.. je n'agirai que sur l'esprit, mais, ici, j'ai gagné le cœur... Les paroles des puissans doivent remonter du peuple au sommet de la société; car le peuple seul est capable de ces convictions robustes qui décident du sort des empires. Jésus-Christ n'avait pour disciples que des pêcheurs, des gens obscurs ; et cependant il a fondé une religion qui règne depuis vingt siècles. L'heure du repos est arrivée... Duroc, j'ai été content de l'armée. La figure du soldat, riante et ouverte, me prouve la confiance qu'il a eu en son général... je ne le tromperai pas.... Le major-général a-t-il expédié tous mes ordres?

DUROC. Oui, sire.

NAPOLÉON. Alors, tout est fini pour aujourd'hui..... dormons... (*Il s'arrange sur la chaise près du feu, et s'enveloppe de son manteau.*) Dormez aussi.

DUROC. Je ne le pourrai.... je le sens... je n'ai pas, comme votre majesté, le privilège de commander à tout... même au sommeil.

NAPOLÉON. Mais, vous, qu'allez-vous faire?

DUROC. Je vais écrire à plusieurs de nos amis de Paris.

NAPOLÉON. Écrivez... écrivez... et moquez-vous bien d'eux... s'ils ont cru aux bavardages du faubourg Saint-Germain.

DUROC. J'ai mieux à leur dire, je vais leur faire part de nos espérances...... leur parler de nos projets... de l'avenir.... quelles belles pages la victoire de demain peut dérouler ! je vous vois, sire, donnant la paix à l'Europe... abaissant la Prusse... contenant la Russie... relevant la Pologne... rentrant à Paris sous les arcs de triomphe que vous élèvera la reconnaissance des Français... Allons, il ne m'écoute plus... il dort déjà... et d'un sommeil aussi calme que s'il était aux Tuileries... quel homme !.. Allons terminer ces lettres.

(*Il ferme son portefeuille et rentre dans une autre partie de la tente. A peine Duroc est-il parti, qu'une musique mystérieuse se fait entendre. Des nuages garnissent le fond de la tente.*)

NAPOLÉON, *s'agitant sur son lit de camp*. En avant, grenadiers!... Masséna!.. Lannes! en avant!... en avant!.. (*Des fanfares éloignées.*) Victoire!.... victoire!.... Vienne va nous ouvrir ses portes! (*Ici le panorama commence à se développer... Après la ville de Vienne, Napoléon continue.*) Soldats! la campagne est finie..., on nous attend en France... à Paris!... à Paris!...

(*Le panorama recommence à marcher, et Paris presque entier apparaît à Napoléon. Il voit en songe la route qu'il doit parcourir au retour : la Villette, le faubourg Saint-Martin, les boulevarts, enfin l'arc de l'Étoile. Aussitôt que les panoramas ont défilé, l'empereur se réveille, et le grenadier en faction à la porte de la tente est aperçu de nouveau.*)

NAPOLÉON, *se levant*. Par ma foi, j'ai bien dormi.... (*Il regarde à sa montre.*) J'aurais pu, je crois, faire encore le paresseux... (*Il prête l'oreille.*) Pourvu que les Russes n'aient pas deviné le piège où je les attire..... Examinons encore les positions des deux armées?... C'est bien cela... Relisons le rapport adressé au quartier-général... Duroc!... ah! ce pauvre Duroc!..... (*Il regarde dans la coulisse, à gauche.*) Comme il dort!..... en vérité, ce serait dommage de le réveiller.... (*Il va lui prendre son portefeuille.*) Oui, Masséna a raison ; si l'ennemi fait la faute de tourner le dos aux lacs glacés, il éprouvera une épouvantable défaite. (*On entend battre la diane dans le lointain.*) Voilà le jour! j'ai ma bataille!.. (*Se levant.*) J'ai ma bataille!... Duroc!... Duroc!... mes aides-de-camps!.. mes officiers d'ordonnance!... que tout le monde entre!... (*Il regarde avec sa lunette, les mouvemens de l'ennemi.*) Les voilà en mouvement... je les devine... ils vont chercher à isoler nos ailes de notre centre.... courez prévenir Lannes et Murat des intentions de l'ennemi.

UN AIDE-DE-CAMP, *arrivant*. Sire, le comte de Haugwitz, ministre plénipotentiaire de Prusse, vient d'arriver aux avant-postes et demande instamment à être présenté à votre majesté.

NAPOLÉON. Je le recevrai à la tête de ma garde... mes grognards sont des hommes que je présente avec orgueil à mes amis comme à mes ennemis. (*A Joseph, qui est au fond de la tente.*) Avancez, jeune homme ; je l'ai dit hier à votre père que tous les Français indistinctement pouvaient prétendre aux plus hauts emplois, aux plus grands honneurs..... je veux vous mettre sur le chemin... Vous voyez ce corps russe... déjà il a débordé notre aile gauche : montez à cheval, prévenez-les et courez porter au maréchal Soult l'ordre d'attaquer Pratzen et Telnitz... il faut acculer les Russes sur les lacs glacés d'Angezd et de Monitz... vous comprenez l'importance de votre mission, monsieur ?

JOSEPH. Oui, sire, l'exécuter ou mourir.

(*Il s'élance hors de la tente.*)

NAPOLÉON. Il a du feu... cependant il est bien jeune.

PLICK, *sous les armes*. Ne craignez rien, mon empereur, je réponds de l'enfant.

NAPOLÉON. Ah! c'est encore toi! eh bien je l'accepte pour caution ; je ferai encore davantage ; viens ici ; mets-toi à genoux!

PLICK, *souriant*. J'ai fait mes prières, sire.

NAPOLÉON. A genoux, te dis-je! (*Tirant son épée.*) Je voulais te donner la croix après la bataille ; mais comme tu pourrais bien être tué....

PLICK. Dam ! il y a chance, mon empereur !

NAPOLÉON, *le touchant de son épée.* Je te fais chevalier de la Légion ; sois brave, fidèle à la patrie et à l'honneur !

SCÈNE VII.
Les Mêmes, LE COMTE DE HAUGWITZ.

NAPOLÉON. Monsieur le comte, vous arrivez un peu tard, si c'est comme médiateur ; mais, si vous venez comme ami, vous ne pouviez mieux choisir le moment... dans quelques heures vous pourrez m'offrir vos félicitations.

LE COMTE. Sire, personne ne les adresserait à votre majesté plus volontiers que moi... cependant, s'il m'était permis de parler avec franchise, j'oserais représenter à votre majesté que les armes sont journalières ; les succès que vous avez obtenus jusqu'ici sont grands, je l'avoue ; mais les forces qui vous étaient opposées ne sont point à comparer aux armées russes et autrichiennes ; sire, ces armées sont belles, aguerries et pleines de confiance.

NAPOLÉON. Monsieur le comte, croyez-vous que nous en manquions ? écoutez les acclamations des soldats... c'est aujourd'hui l'anniversaire de mon couronnement, et mon armée s'est bien promis de le célébrer d'une manière digne d'elle.

LE COMTE. La paix, sire, vaut mieux qu'une victoire, qui souvent ne la procure pas.

NAPOLÉON. Nous ferons en sorte que celle-ci soit plus décisive que la capitulation d'Ulm et la prise de Vienne ; mais, tenez, monsieur le comte, je comprends tout l'embarras de votre position... et je vais vous mettre à votre aise... Vous étiez hier au milieu de l'armée russe, et vous êtes en ce moment devant moi... vous avez des instructions..... si vous n'en faites part officiellement aujourd'hui, vous pouvez encourir demain une grande responsabilité... l'ennemi est devant nous,..... une bataille se prépare..... elle est inévitable... certaines gens peuvent croire que les Russes seront vainqueurs ; mais moi, qui me connais en ces sortes de choses, je vous promets que je les battrai... ne me dites donc rien... je ne veux rien savoir..,... allez attendre à Vienne l'issue de cette affaire... quelques heures suffiront, et demain je vous promets de recevoir de bonne grâce les félicitations dont la fortune aura probablement changé l'adresse.

(*Le comte salue profondément l'empereur et s'éloigne.*)

SCÈNE VIII.
Les Mêmes, JOSEPH PLICK *blessé.*

NAPOLÉON. Eh bien ! monsieur, mes ordres...

JOSEPH. Sont exécutés, sire ; le maréchal Soult attaque en ce moment l'ennemi.

NAPOLÉON. Celui qui sait aussi promptement obéir mérite de commander.... vous êtes capitaine..., Messieurs, à cheval.

(Il sort suivi de son état-major. Le théâtre change. Champ d'Austerlitz. Bataille.)

FIN.

IMPRIMERIE DE Vᵉ DONDEY-DUPRÉ, RUE SAINT-LOUIS, N° 46, AU MARAIS.

www.ingramcontent.com/pod-product-compliance
Lightning Source LLC
Chambersburg PA
CBHW060622050426
42451CB00012B/2375